Martin Horstmann, Heike Park

Gott im Gemeinwesen

SI konkret

herausgegeben von

Prof. Dr. Gerhard Wegner
Sozialwissenschaftliches Institut
der EKD

LIT

Martin Horstmann, Heike Park

Gott im Gemeinwesen

Sozialkapitalbildung durch Kirchengemeinden

Sozialwissenschaftliches Institut der EKD

SI KONKRET 6

LIT

Herausgeber:
Prof. Dr. Gerhard Wegner
Sozialwissenschaftliches Institut der EKD
Arnswaldtstraße 6
30159 Hannover
Telefon +49 (0) 511-5547410
Email: info@si-ekd.de
www.si-ekd.de

Autoren: Martin Horstmann, Heike Park
Redaktion: Renate Giesler
Umschlaggestaltung: Nic Mitchell
Umschlagbild: © epd-bild / Rainer Oettel

Martin Horstmann, Dr.phil, Dipl.-Sozialarbeiter und
Dipl.-Diakoniewissenschaftler. Er arbeitete von 2008 bis 2013 als
wissenschaftlicher Mitarbeiter im SI der EKD.
Heike Park, Theologin und Diakoniemanagerin (M.A.), ist
Gemeindepfarrerin im Evangelischen Kirchenkreis Hamm/Westf.

Bibliografische Information der Deutschen Nationalbibliothek
Die Deutsche Nationalbibliothek verzeichnet diese Publikation in der
Deutschen Nationalbibliografie; detaillierte bibliografische Daten sind
im Internet über http://dnb.d-nb.de abrufbar.

ISBN 978-3-643-12499-9

© LIT VERLAG Dr. W. Hopf Berlin 2014
Verlagskontakt:
Fresnostr. 2   D-48159 Münster
Tel. +49 (0) 2 51-62 03 20   Fax +49 (0) 2 51-23 19 72
E-Mail: lit@lit-verlag.de   http://www.lit-verlag.de

Auslieferung:
Deutschland: LIT Verlag Fresnostr. 2, D-48159 Münster
Tel. +49 (0) 2 51-620 32 22, Fax +49 (0) 2 51-922 60 99, E-Mail: vertrieb@lit-verlag.de
Österreich: Medienlogistik Pichler-ÖBZ, E-Mail: mlo@medien-logistik.at
E-Books sind erhältlich unter www.litwebshop.de

Inhalt

Vorwort

Die Gemeinwesen, in denen wir leben, repräsentieren Verhaltensprämissen, stellen Verhaltensprogramme und -konditionierungen dar und werden wiederum durch das Verhalten der in ihnen lebenden und sich bewegenden Menschen gestaltet. Wie man sich in diesen Räumen bewegt, so wird die Wirklichkeit erfahren und diese Wirklichkeitserfahrung der Menschen schlägt sich nieder auf die Art und Weise, wie sie sich in diesen Räumen bewegen und die Räume gestalten, bewohnen oder verfallen lassen. Sozialräume sind ein entscheidender Beitrag für die Erhaltung und Gestaltung des Lebens.

Verhaltensprogramme in der beschriebenen Weise stellen Kraftfelder dar. Sie lösen einen Sog aus, der das Verhalten der Menschen konditioniert. Sie lassen sie staunen oder sich frei fühlen, sie lassen sie aufrecht gehen oder zwingen sie dazu, den Kopf einzuziehen. In dieser Sichtweise wirken Sozialräume durch die Herstellung und Stabilisierung von Beziehungen und die Mobilisierung von Ressourcen. Welche Maßstäbe legen wir an, wenn wir die entsprechende Wirkung von Sozialräumen messen und bewerten wollen?

Es gibt jahrhundertealte Wahlverwandtschaften des Christlichen mit sozialräumlichen Prämissen, in denen in der einen oder anderen Weise „Wege in das Leben" real werden oder, anders gesagt, in denen die Realität Gottes mit einem gehobenen Lebensstil assoziiert ist. Oder ist es diese Kopplung, die die Präsenz göttlicher Kraftfelder in den Peripherien verdunkeln? Und die in der Folge ganz real „Lebensmittel" wie Grünflächen, Bäume und Gärten, Platz und Licht, Achtsamkeit und Liebe zu den Dingen bietet – und so auch Raum schafft für Kirche und Religion. Das gute Leben nutzt auch das göttliche Kraftfeld. Immerhin: Der Ort, an dem Jesus seinen letzten Abend verbrachte, lag außerhalb der Stadt und war ein Garten.

Lässt sich von einer Präsenz des Reiches Gottes im Sozialraum reden? Es liegt anscheinend außerhalb der Stadtmauern, es scheint dort auf, aber es reicht weit in die zentralen Bereiche hinein. Es transformiert die Kraftfelder, die es in diesen Bereichen gibt, stößt auf Resonanzen, verändert die Raum- und Zeiterfahrung der Menschen. Die Bilder vom Reich Gottes kennen wir. Es sind keine Bilder von Mühe und Arbeit, sondern vom Essen und Trinken, Bilder von Festen offener Tischgemeinschaften und mehr. Es sind Bilder vom Überfluss, davon, dass es genug für alle gibt, dass alle einen Platz haben, niemand ausgeschlossen ist. Es sind Visionen von einem guten Leben für alle. Gott lebt mitten unter den Menschen in ihren ganz konkreten Räumen.

Viele dieser Bilder vom Reich Gottes sind zutiefst subversiv. Man denke, was Raumprogramme anbetrifft, insbesondere Lukas 14, 15-24, dem Gleichnis von dem großen Festmahl (vgl. auch Matthäus 22), das ein klares Raumprogramm enthält. Hier werden zunächst alle die eingeladen, die innerhalb der Stadtmauern um den Dom beziehungsweise die Hauptkirche herum leben. Aber sie alle sind in ihren Geschäften befangen. Es werden dann die Krüppel und Lahmen eingeladen: „Gehe auf die Landstraßen und vor die Stadt hinaus und lade sie alle ein". Das Heil ereignet sich exzentrisch.

Heute kann man wieder besser erkennen, dass sich entsprechende Vorstellungen gut mit Ideen einer Zivilgesellschaft als Leitbild einer zivilisierten und bürgerfreundlichen Gesellschaft verbinden lassen. Die Reich-Gottes-Thematik wäre in dieser Hinsicht die Aufbereitung von christlichen Gemeinschafts- und Kollektivvorstellungen für einen Beitrag zur Ausgestaltung der Zivilgesellschaft. Die Zivilgesellschaft wäre dann in christlicher Fassung eine Art erlöster Gemeinschaft –

unterwegs auf dem Weg zum Reich Gottes. In dieser Hinsicht böten die christlichen Vergemeinschaftungsformen, bis hin zu den Kirchen, Ansätze einer freien schöpferischen, dialogischen und dynamischen Gemeinschaft. Eine Gemeinschaft, die sich selbst als offen für Transformationen durch andere und durch Gott begreifen lässt, gerade weil die Exzentrizität des Heils und die Leere der eigenen Hauptkirchen und Räume bekannt sind. In dieser Sichtweise würden die Vorstellungen vom Reiche Gottes herrschende Bindungen transformieren. Räume und Zeiten verändern sich in seiner Präsenz; es bilden sich neue Kraftfelder heraus, in denen Resonanzen zum Tragen kommen, neue Atmosphären sich bilden und bisweilen irritierende Heiterkeit sich ausbreitet.

Es geht darum, die Sozialräume überhaupt erst einmal wahrzunehmen und sie so zu gestalten, dass Bürgerinnen und Bürger sie sich aneignen und sich auf Architektur, Stadt- und Sozialplanung einlassen können. Genau dies wäre eine konsequent gedachte subsidiäre Orientierung, die von den Menschen, von ihren ursprünglichen Bezügen und Familienbeziehungen her die Sozialräume neu konzipiert. Es geht bei der Neukonzeption darum, sie zu Räumen des Lebens und der wechselseitigen Unterstützung zu machen.

Diese öffentliche Konzeption der Person, die sich souverän in ihren Sozialräumen bewegt, weil sie sich in ihnen beheimatet fühlt und Anerkennung erfährt, ist christlich-theologische Konkretion der Teilhabe an Gottes Wirklichkeit: „Alles, was ist, existiert und lebt vom andauernden Zufluss der Energien und Möglichkeiten des kosmischen Geistes. Darum ist jede geschaffene Wirklichkeit energetisch zu verstehen und als verwirklichte Möglichkeit des göttlichen Geistes aufzufassen."[1] Sozialräume sind Schöpfungsräume und in dieser Hinsicht Entwürfe des Reiches Gottes. In ihnen verbergen sich Spuren der ursprünglichen Schöpfung und verweisen auf ihre Vollendung.[2]

Die so charakterisierte gesellschaftliche Kooperation ist grundiert durch diese alles durchwebende fürsorgliche Haltung und gegenseitige Achtsamkeit. Die Wahrnehmung dieser Dimensionen ist insbesondere den neueren feministischen Forschungen geschuldet, die entsprechende ökonomische Stile herausgearbeitet haben. Feministische Stile bedeuten aber nicht, dass dies lediglich Ökonomieformen von Frauen sind, sondern es sind vielmehr grundlegende ökonomische Formen, die für alle Menschen gelten. Sie sollen selbst zu fürsorglichen, teilhabefähigen Wesen werden. Diese fürsorgliche Haltung baut auf umfassenden Beziehungen auf, die als Aufnahmebereitschaft, Bezogenheit und als ein reagierendes Verhalten begriffen werden können. Alles hängt davon ab, dass diese Strukturen des aufeinander Bezogenseins als Strukturen der Sorge, der Fürsorge füreinander aufrecht erhalten und nicht zerstört werden.

Die in diesem Buch versammelten Texte gehen diesen Beziehungen nach. Sie sind als Einladung gedacht, sich selbst auf den Weg zu machen und auf neue Weise das Wirken Gottes in den Gemeinwesen zu entdecken. Martin Horstmann tut dies, in dem er nach Möglichkeiten der Sozialkapitalbildung durch Kirchengemeinden fragt und Heike Park illustriert dieses Geschehen konkret.

Gerhard Wegner

---

[1]   Jürgen Moltmann: Gott in der Schöpfung. Ökologische Schöpfungslehre. Gütersloh 1993, 4. Aufl. S. 23.

[2]   Vgl. Moltmann a.a.O., S. 72.

Sozialkapital
Fokus Kirchengemeinde

Martin Horstmann

Einleitung

Entscheidend für das Entstehen von sozialem Kapital sind Kontakte und Beziehungen. Überall dort, wo Menschen eingebunden sind, kann Sozialkapital entstehen. Dazu zählen: Familie, Freunde, Bekannte, die Mitgliedschaften in Sport- und Gesangsvereinen sowie Berufs- und Interessenverbänden – und eben auch die Mitgliedschaft in der Kirche beziehungsweise das Engagement in Kirchengemeinden. Gerade Kirchengemeinden leisten einen wichtigen Beitrag zur Bildung von Sozialkapital. Sie bieten Gelegenheiten und Anlässe zu Austausch, Anerkennung, Engagement und Beteiligung. Organisierte Religion schafft in besonderer Weise Strukturen für soziale Partizipation und vermittelt zudem die dafür förderlichen Fähigkeiten.

In Deutschland gibt es bislang nur wenige Studien über den Zusammenhang von Sozialkapital und Kirche. Das war der Auslöser für das 2010 gestartete Projekt des Sozialwissenschaftlichen Instituts der EKD „Sozialkapital und Kirche". Jetzt liegen die Ergebnisse in gedruckter Form vor.

Die Untersuchung bezieht sich auf die volkskirchlichen Strukturen der evangelischen Kirche in Deutschland. Gearbeitet wurde mit qualitativen Methoden der Sozialforschung (Leitfaden gestützte Experteninterviews und Fokusgruppen-Diskussionen). Ziel war, die für Kirchengemeinden typischen Muster der Sozialkapitalbildung zu identifizieren und darzustellen, inwiefern Kirchengemeinden gesellschaftliche Orte sind, an dem soziales Kapital entsteht.

Sozialkapital wird in dieser Arbeit weder rein metaphorisch verstanden, etwa als Chiffre für sozialen Zusammenhalt, Sozialkompetenz oder Engagement, noch als trendiges Etikett für Zivilgesellschaftsforschung im kirchlichen Bereich behandelt. Vielmehr geht es um eine Art „Sehhilfe", um zu erkennen, welche Bedeutung Kontakte und Beziehungen in Kirchengemeinden haben. Durch das Konzept des Sozialkapitals können Aspekte in den Blick rücken, die ohne diese „Brille" vielleicht übersehen worden wären. Es ist eine neue Sichtweise auf soziale Phänomene. Sie rückt bisher vernachlässigte Zusammenhänge in den Vordergrund. Sie erfindet nichts Neues, sondern sieht Vorhandenes in neuem Licht.

In der sozial- und politikwissenschaftlichen Debatte hat sich Sozialkapital längst zu einem Schlüsselkonzept entwickelt, es gilt als bedeutsam für ein demokratisches Gemeinwesen, für politische Partizipation, ökonomische Leistungsfähigkeit und gesellschaftliches Wohlbefinden. Damit sich Sozialkapital bilden kann, braucht es neben den Kontakten – quasi der „Hardware" des Sozialkapitals – auch einen kulturellen Nährboden: Werte und Normen, die Vertrauen fördern und Kooperation ermöglichen. Diese soziale Ressource ist für Individuen wie auch für Gruppen bedeutend, für Organisationen ebenso wie für Regionen oder die Gesellschaft als Ganzes. Sozialkapital wird daher auch – je nach Sichtweise – als „Leim" oder „Schmiere" einer funktionierenden Gesellschaft bezeichnet.

1 Kirchengemeinden als sozialkapitalbildende Orte?

Sozialkapital entsteht durch Kontakte. Deshalb ist es von entscheidender Bedeutung, auch wenn es banal erscheinen mag, dass es Orte gibt, wo Begegnungen stattfinden und gefördert werden. Kirchengemeinden ermöglichen es, mit anderen Menschen in Kontakt zu kommen, und Beziehungen zu pflegen. Sie bieten Menschen die Möglichkeit, sich einzubringen, ihre Kontakte und Beziehungen zu mehren und über diese auch auf Ressourcen zurückgreifen zu können, die sie sonst nicht gehabt hätten. Dieser „Mehrwert" von Kirchengemeinden reicht über die oft unter dem Schlagwort des „Kerngeschäfts" diskutierten Aspekte wie Gottesdienst und Kasualien weit hinaus. Die flächendeckende Struktur der Kirchengemeinden in Deutschland bietet mit ihren Teilnahme- und Beteiligungsmöglichkeiten hierzu vielfältige Gelegenheiten.[3]

Dies gilt natürlich nicht ausschließlich für Kirchengemeinden, sondern für zivilgesellschaftliche Organisationen aller Art. Fragt man diesbezüglich nach dem besonderen Charakter von Kirchengemeinden, sind vor allem vier Punkte zu nennen:

(1) Die Teilnahme an kirchengemeindlichen Veranstaltungen beziehungsweise am gemeindlichen Leben ist kostenlos. Kirchengemeinden sind „als eine von wenigen Institutionen in der Gesellschaft in der Lage, Teilhabe ohne formale Voraussetzungen wie Geld oder Arbeit zu gewähren. Das Recht zur Teilhabe erlangt man durch die Taufe, die ohne eigene Würdigung vollzogen wird", so formuliert es die evangelische Denkschrift „Gerechte Teilhabe".[4] Und natürlich kann auch jeder an gemeindlichen Aktivitäten teilnehmen, der nicht getauft ist!

(2) Teilhabe und Engagement benötigt zu einem gewissen Maße institutionelle Strukturen. Dies gilt sowohl für punktuelles und projektförmiges Engagement wie auch für regelmäßige und langfristi-

ge Beteiligung. Kirchengemeinden halten hier eine gut ausgebaute Infrastruktur vor: Sie verfügen über Gebäude, Säle und Gruppenräume, über Kommunikationskanäle, vielfältige Netzwerke und nicht selten über eine gute technische Ausstattung.

(3) Teilhabe ist nicht ortslos, sie hat (fast) immer einen physischen Bezugspunkt. Gerade diese Ortsbezogenheit stiftet Identität, die wiederum ein wichtiger Faktor für Engagement ist. Kirchengemeinden haben eine „konkrete räumliche Qualität" und bieten damit „ein Netz von örtlichen Bezugspunkten, auf die sich soziales Handeln und kulturelle Identität beziehen können. [...] Das Netz der kirchlichen und religiösen Orte ist, im Vergleich mit anderen Anbietern, noch immer sehr eng geknüpft".[5]

(4) In vielen Gemeinwesen sind Kirchengemeinden wichtige Akteure, manchmal die einzigen Akteure, die noch da sind[6], selbst im Vergleich mit anderen flächendeckenden Strukturen in Deutschland. Dies hat eine nicht zu unterschätzende symbolische Bedeutung. Kirchengemeinden gehören zu den Kristallisationspunkten, „die für die Aufrechterhaltung eines lokalen Selbstbewusstseins in Verarmungsgebieten eine wachsende Bedeutungszuschreibung erhalten und zu jenen Arenen zu rechnen sind, in denen die Interessengegensätze und Konflikte um den Lebensraum City in aller Härte ausgetragen werden".[7]

Hinzu kommt etwas Weiteres: Kirchengemeinden sind einer der größten Träger von ehrenamtlichem Engagement in Deutschland. Will man auf die zivilgesellschaftliche Bedeutung von Kirchengemeinden in diesem Zusammenhang verweisen, geht es weniger um ehrenamtliche Aufgaben innerhalb der Gemeinden – also um die rein internen Organisationsziele – sondern um den generellen statistischen

Zusammenhang von Kirchenbindung und dem Ausmaß der Freiwilligentätigkeit – also auch über das Engagement in der Kirche hinaus. Zwischen Religiosität beziehungsweise Kirchenbindung und Engagementtätigkeit besteht ein empirisch nachweisbarer Zusammenhang. Neben der Größe des Freundes- und Bekanntenkreises ist die Stärke der Kirchenbindung das Merkmal mit der deutlichsten Vorhersagekraft für ehrenamtliches Engagement. Die Kirchengemeinden sind also nicht nur einer der größten Engagementbereiche in Deutschland, sie sind auch eine zentrale Engagementquelle der Zivilgesellschaft.

Die Sonderauswertung des dritten Freiwilligensurveys belegt dies für das Merkmal der Kirchenmitgliedschaft und Kirchenbindung. „Engagierte gehören nicht nur überdurchschnittlich oft einer Kirche an, sie haben auch eine überdurchschnittlich hohe Kirchenbindung, die zwischen 1999 und 2009 noch gewachsen ist".[8] Der Bertelsmann-Religionsmonitor bestätigt dies bezogen auf die Religiosität. Die Engagementquoten von Hochreligiösen, Religiösen und Nichtreligiösen unterscheiden sich deutlich. 43 Prozent der Hochreligiösen geben an, ehrenamtlich tätig zu sein, hingegen engagieren sich nur 26 Prozent der etwas Religiösen. Noch weniger engagieren sich Nichtreligiöse, sie kommen auf eine Engagementquote von 19 Prozent.

Schließlich bieten sich Kirchengemeinden auch oft als Plattformen für weiteres nicht religiös geprägtes Engagement an. Sie halten eine Infrastruktur für zivilgesellschaftliches Engagement vor, unabhängig von explizit religiösen Inhalten.[9] Claus Offe und Susanne Fuchs bezeichnen dies als Katalysator-Funktion der Kirchen für Aktivität in Vereinigungen.[10]

All dies spricht dafür, dass Kirchengemeinden als volkskirchliche Basisstruktur über gute Voraussetzungen zur Bildung von sozialem Kapital verfügen.

Doch die „grundlegende Bedeutung der Gemeinde [wird] aus normativer wie empirischer Perspektive radikal" unterschätzt. Die „vielfach als hoffnungslos antiquiert wahrgenommene Ortsgemeinde"[11] verfügt über ein Potenzial, das oft nicht gesehen wird.

Zu beobachten ist zudem eine ausgeprägte Kritiklust gegenüber Gemeinden. Es scheint sich gegenwärtig einzubürgern, Kirchengemeinden grundsätzlich eine Milieuverengung zu unterstellen. Auch wenn dies nicht unbegründet ist, sind die mit diesen Urteilen verbundenen Konnotationen oft erstaunlich abwertend. Dabei geht der Mehrwert von Kirchengemeinden über das, was langläufig als ihre „Kernfunktionen" bezeichnet wird, deutlich hinaus. Kirchengemeinden erschöpfen sich nicht in ihren „transzendentalen und sakralen Binnenfunktionen".[12] Kirchengemeinden haben eine öffentliche Dimension und bieten ein deutlich breiteres Angebot als die Gruppen und Kreise mit Club-Charakter.

Die Parochie genießt kein grundsätzliches Vorrecht gegenüber anderen möglichen Gestalten von Gemeinde – an vielen Stellen lässt sich gemeindliches Leben auch nicht-parochial organisieren – aber dies bedeutet im Umkehrschluss eben nicht, dass die parochiale Organisationsform überholt sei. Denn dabei wird übersehen, dass kirchliche Existenz nach wie vor ortsgebunden ist.[13] Und die örtlichen Kirchengemeinden sind, gerade weil sie territorial organisiert sind, eine wichtige zivilgesellschaftliche Kraft. Neben der flächendeckenden Organisation ist also der konkrete Ortsbezug der Parochie bedeutend: die Kenntnis der Gegebenheiten und Menschen vor Ort und die Identifikation der Menschen mit „ihrer" Kirche. Paul Nolte formuliert es so: „[D]ie typische Ortsgemeinde ist für ihre Aktivitäten immer noch ein Kohäsionszentrum und Fokus eines weiten Spektrums sozialer Netzwerkaktivitäten, von Jugendgruppen über den ‚Eine-Welt-Laden' bis zur Krankenbetreuung".[14]

Oft wird eingeworfen, parochiale Gemeindeformen seien hauptsächlich wichtig für die Bevölkerungsgruppen, die auf den Wohnort als Lebensumfeld angewiesen sind, also für die nicht mehr so mobilen Menschen und Zurückgebliebenen. Wer nicht auf den Wohnort angewiesen sei, brauche letztlich auch keine Ortsgemeinde. Doch der Ortsbezug gewinnt wieder neu an Bedeutung. Auch wenn die Bedeutung des Stadtteils oder des Dorfs unterschiedlich beurteilt werden kann, sind in letzter Zeit doch zunehmend Phänomene zu beobachten, die auf eine Renaissance des Lokalen deuten. „Wenn die Zeiten nicht trügen, dann hat die Mobilität in Lebensvollzügen und Biografien aber nicht nur die feste Bindung an einen vorgegebenen Ort gelöst, sondern gleichzeitig Sinn und Bewusstsein für das Örtliche und für den Raum, innerhalb dessen Lebensvollzüge situiert sind, neu geschärft. Dass sich Lebensräume vervielfältigen, in denen die Individuen sich bewegen, muss diese nämlich keineswegs ortlos werden lassen, sondern kann aufmerksam und sensibel machen für die je eigene Räumlichkeit der einzelnen Orte und für die Übergangspassagen zwischen ihnen". [15]

Kirchengemeinden bieten eine flächendeckende Struktur mit Gelegenheiten zu Begegnung und Engagement, sie bieten die Möglichkeit, zivilgesellschaftliche Tugenden und Fähigkeiten einzuüben, verstehen sich als gesellschaftsintegrative Kraft, stellen eine zentrale Engagementquelle in Deutschland dar und fungieren nicht selten als Plattformen für weiteres nicht-kirchliches Engagement. Kurz: Sie bieten gute Voraussetzungen für die Bildung von sozialem Kapital – ihres eigenen, das derjenigen, die am kirchlichen Leben partizipieren und schließlich auch des gesellschaftlichen Sozialkapitals.

Der Ortsgemeinde darf also ruhig etwas mehr Aufmerksamkeit geschenkt werden. Doch es gibt wenig Erkenntnisse darüber, wie Kirchengemeinden funktionieren: wie sie sich steuern, was sie zusammenhält, welche Motive und Erwartungen das gemeindliche Leben prägen. „Eine plausible Theorie oder auch nur angemessene Beschreibung von Kirchengemeinden gibt es erstaunlicherweise bisher nicht – ganz im Unterschied zu einer wuchernden Fülle von Handbüchern und Ratgebern, die Tipps geben, was man denn in Gemeinden alles tun könnte". [16]

Hier setzt diese Untersuchung an. Der amerikanische Religionssoziologie Corwin Smidt betont bei der Frage nach der Entstehung von Sozialkapital die Bedeutung des Kontexts, kurz und knapp: „context counts". [17] Es gilt also zu fragen, was für einen Kontext bieten Kirchengemeinden bezüglich des Sozialkapitalaufbaus? Wie ist das Sozialkapital einer Kirchengemeinde beschaffen, welcher Natur ist es? Und wie entsteht in Kirchengemeinden soziales Kapital?

Das Sozialkapital von Kirchengemeinden besteht in dem Potenzial, das Kirchengemeinden aufgrund ihrer sozialen Strukturen aufweisen, also ihrer Gruppen, Netze, Einbettungen und Bezüge, in ihren kooperationsfördernden Werten und der konkreten Gestaltung ihrer Teilhabeprozesse. Kirchengemeindliches Sozialkapital entsteht sowohl durch die innere Gestaltung des Gemeindelebens als auch durch die Verwobenheit der Gemeinde mit ihrer Umgebung. Diese Sichtweise bietet einen fruchtbaren Blick auf die Ortsgemeinden, quasi der volkskirchlichen „Basisstruktur".

[3] Zur flächendeckenden Struktur vgl. beispielsweise Becker 2006: 14 und Karle 2010a: 186-190.

[4] Gerechte Teilhabe 2006: 78.

[5] Nolte 2009: 93, 94.

[6] Vgl. Cnaan/Boddie/Gaynor 2003: 25.

[7] Gabriel/Geller 2002: 362-363.

[8] Seidelmann 2012: 15.

[9] Vgl. Roßteutscher 2009: 51.

[10] Offe/Fuchs 2001: 445.

[11] Karle 2010b: 113.

[12] Nolte 2009: 84.

[13] Karle 2010b: 113.

[14] Nolte 2009: 91.

[15] Fechtner 2010: 98.

[16] Ahrens/Wegner 2012: 14-15.

[17] Smidt 2003: 214.

2 Die Debatte um soziales Kapital

● **Die Idee des sozialen Kapitals**

Der Begriff Sozialkapital wird oft metaphorisch verwendet und meint dann etwa das eigene Vermögen, sozial handeln zu können (und rückt damit in die Nähe von Sozialkompetenz), den sozialen Zusammenhalt in der Gesellschaft (Kohäsion oder „sozialer Kitt") oder wird immer wieder als bloße Chiffre für „das Soziale" generell gesehen. Auch wird Sozialkapital oft synonym mit Begriffen wie Zivilgesellschaft, bürgerschaftliches Engagement, Solidarität oder sozialer Verantwortung verwendet. [18]

Dies alles trifft es nicht ganz. Der Begriff Sozialkapital meint zunächst einmal – schlicht und einfach – die Beziehungen, Kontakte und Netzwerke einer Person. Dem Inhaber von sozialem Kapital erschließen sich damit zusätzliche Ressourcen, über die er alleine nicht verfügt. Der Gedanke des Sozialkapitals kann daher treffend mit der englischen Redewendung „It's not what you know, it's whom you know" zusammengefasst werden. Oder, noch etwas kompakter, mit dem ehemaligen Werbeslogan von Vodafone: „Du bist so stark wie dein Netz."

Dieser auf die Sozialstruktur von Individuen zielende Begriff geht unter anderem auf *Pierre Bourdieu* zurück. Bourdieu definiert soziales Kapital als „die Gesamtheit der aktuellen und potentiellen Ressourcen, die mit dem Besitz eines dauerhaften Netzes von mehr oder weniger institutionalisierten Beziehungen gegenseitigen Kennens oder Anerkennens verbunden sind; oder, anders ausgedrückt, es handelt sich dabei um Ressourcen, die auf der Zugehörigkeit zu einer Gruppe beruhen". [19] Mit dem Begriff Sozialkapital werden also die Ressourcen beschrieben, die eine Person mittels ihrer Beziehungen erschließen kann.

Der Zugang zu Netzwerken, die Mitgliedschaft in formalen Vereinigungen (Parteien, Berufsverbände, Vereine, Clubs) und die Zugehörigkeit zu informellen Kollektiven (wie Freunde, Szenen oder Cliquen) gelten als entscheidender Kern des Sozialkapitalkonzepts. Zum Sozialkapital wird neben dieser strukturellen Dimension aber auch eine kulturelle Dimension gezählt: das Vertrauen in Menschen und Institutionen, das die Interaktion in diesen Netzwerken erst ermöglicht und Werte und Normen, die die Kooperation begünstigen und gemeinschaftsgefährdendes Verhalten sanktionieren, um die Kosten der Interaktionen in den Netzwerken möglichst gering zu halten. Sozialkapital geht damit über die reinen Netzwerkressourcen hinaus und umfasst „Normen und gesellschaftliche Werte, die die Lösung von Kooperationsproblemen begünstigen". [20] Dieses Verständnis wurde vor allem von *James Coleman* beschrieben: Sozialkapital beruht auf generalisiertem Vertrauen und entsteht durch gegenseitige Verpflichtungen. [21] Colemans Interesse am Sozialkapital liegt in der Mittlerfunktion zwischen Individuum und Sozialstruktur. Mit dem Konzept des Sozialkapitals kann die Einbettung des Individuums in Sozialstrukturen angemessen beschrieben werden.

Der Politikwissenschaftler *Robert Putnam* führte das Konzept des Sozialkapitals zu großer Popularität und brach die disziplinären Grenzen zwischen Soziologie, Politikwissenschaft und Ökonomie auf. Nach Putnam besteht Sozialkapital aus drei Komponenten, die mittlerweile als gängige Bestandteile des Sozialkapital-Konzepts gelten: Netzwerke, Vertrauen und Werte/Normen: „social capital refers to connections among individuals – social networks and the norm of reciprocity and trustworthiness that arise from them". [22]

Die Idee des Sozialkapitals wird von unterschiedlichen Disziplinen aufgegriffen: Wirtschaftswissenschaften, Soziologie und Politikwissenschaften können über Sozialkapitalkonzepte miteinander „kommunizieren" und so hat die Debatte um Sozialkapital eine breite empirische Forschungstätigkeit ausgelöst. [23] Erkenntnisse werden selbst in den Gesundheitswissenschaften, der Stadtplanung oder der Kriminologie genutzt. Des Weiteren gibt es auch vielfache Bezüge zu den Debatten um die Zivilgesellschaft oder zur Kommunitarismus-Debatte. Ebenso sind die Forschungen zum „Dritten Sektor" und zur „Assoziativen Demokratie" zu nennen, also stärker politikwissenschaftlich geprägte Diskurse, die aber auch in der Öffentlichkeit wahrgenommen und diskutiert werden. [24] Soziales Kapital ist nicht nur interdisziplinär anschlussfähig, sondern stößt auch auf Interesse in der Öffentlichkeit. Sozialkapital ist einer der wenigen Begriffe, dem es gelungen ist, über den akademischen *inner circle* der (Sozial-)Wissenschaft hinaus in den öffentlichen Bereich vorzudringen. Dies ist eine nicht gering zu achtende Leistung. [25]

Sozialkapital ist allerdings auch ein schillernder und diffuser Begriff. Eine eindeutige Definition von Sozialkapital existiert nicht. Der Begriff Sozialkapital wird unterschiedlich verwendet: als analytisches Instrument, als normatives Konzept und in vielen Fällen schlicht als modisches Etikett für recht unterschiedliche Forschungstätigkeiten im Bereich der Zivilgesellschaft.

Die Idee des Sozialkapitals rückt aber nicht nur die Netzwerkstrukturen in den Blick, sondern auch die zugrunde liegenden Bedingungen, die für einen Austausch in Netzwerken die Voraussetzung bilden. „Der Einfachheit halber können wir Sozialkapital jedoch als die Beziehungen, gemeinsamen Wertvorstellungen und Übereinkünfte innerhalb einer Gesellschaft beschreiben, die es Einzelnen und Gruppen ermöglichen, einander zu vertrauen und folglich miteinander zusammenzuarbeiten". [26]

Der Begriff des sozialen Kapitals hat auch Kritik hervorgerufen. [27]

Zunächst führt der uneinheitliche Gebrauch des Begriffs zu Kritik. Dies liegt eben daran, dass die Theorien zum Sozialkapital äußerst heterogen sind. [28] Auch Robert Putnam als bedeutender Protagonist der Debatte weist darauf hin: „Social capital is certainly far from homogeneous". [29] Im Gegensatz zu anderen sozialwissenschaftlichen Konzepten erschwert dies die Diskussion, vor allem was die Vergleichbarkeit von Forschungsergebnissen betrifft. Die Erkenntnisse der Sozialkapital-Forschung sind in der Regel wenig übertragbar und oft nicht zu generalisieren (wie es beispielsweise Putnam versucht hat). [30] Unterschiedliche Messverfahren kommen zudem zu unterschiedlichen Ergebnissen. [31]

Unter dem Etikett „Sozialkapital" firmieren also sehr unterschiedliche Ansätze. Zum Teil sind es auch einfach Sammelbezeichnungen für verschiedene Forschungsdebatten aus den Bereichen der Engagement- und Zivilgesellschaftsforschung. Jede empirische Studie muss daher zunächst ihr eigenes Sozialkapitalkonzept vorlegen. Das Konzept des Sozialkapitals soll einerseits einen neuen Blick auf soziale Phänomene werfen, muss aber andererseits immer wieder selbst „eingefangen" werden.

Eine grundlegende Schwierigkeit in der Sozialkapitalforschung besteht darin, dass Kausalitäten und Bedingungen zwischen den Kernkomponenten des Sozialkapitals bisher kaum geklärt sind. Dies liegt auch daran, dass Sozialkapital meist als Nebenprodukt anderer Faktoren entsteht. Selbst in groß angelegten Untersuchungen werden die Ursache/Wirkungs-Zusammenhänge immer wieder infrage gestellt. So kommt beispielsweise Putnam in seiner klassischen Italien-Studie [32] zu dem Schluss, dass der Mangel an Sozialkapital – vor allem gemessen an der Mitgliedschaft in Vereinen – sich negativ auf die demokratische Kultur auswirkt.

Die Studie kann aber auch dahin gehend interpretiert werden, dass der Mangel an Sozialkapital (in Süditalien) gerade auf die politische Entwicklung zurückzuführen ist – also der Staat der Urheber mangelnden Sozialkapitals ist und nicht das Opfer mangelnder Vereinstätigkeit.

Ein weiterer Kritikpunkt zielt darauf, dass Sozialkapitalkonzepte oft normativ aufgeladen sind. Dies hat zur Folge, dass die Wirkungen von sozialem Kapital oft überschätzt werden. [33] „Es gibt kaum ein in der Öffentlichkeit wahrgenommenes Defizit zeitgenössischer repräsentativer Demokratie, von dem man nicht glaubt, dass es nicht durch eine gesunde Dosis Sozialkapital geheilt werden könnte". [34] Daher wird in der Debatte um soziales Kapital oft unterstellt, dass dieses Konzept die Begleitmusik für Sozialabbau und eine Substitution von Sozialpolitik durch zivilgesellschaftliches Engagement ist. Die Bemühungen um die Erforschung sozialen Kapitals stehen schnell in dem Verdacht, die Aushöhlung sozialstaatlicher Strukturen voranzutreiben. [35]

Das Fehlen eines einheitlichen Sozialkapital-Modells zeigt sich bereits bei den einzelnen Protagonisten der Sozialkapital-Debatte, die allesamt die Idee des sozialen Kapitals in unterschiedliche theoretische Zusammenhänge einbeziehen. Lyda J. Hanifan gilt als der „Erfinder" des Sozialkapital-Begriffs. Hanifan war als Pädagoge in West-Virginia tätig. 1916 veröffentlichte er einen Artikel, in dem er die These vertritt, dass der zu beobachtende Rückgang an gemeinschaftlichem Engagement gesellschaftsgefährdend sein. In diesem Zusammenhang nutzt er den Begriff Sozialkapital. Er versteht darunter:

> „jene greifbaren Eigenschaften, auf die es im Alltag der Menschen am meisten ankommt, nämlich guter Wille, Gemeinschaftsgeist, Mitgefühl und geselliger Austausch zwischen den Einzelnen und den Familien, aus denen sich eine gesellschaftliche Einheit zusammensetzt. [...] In gesellschaftlicher Hinsicht ist der Einzelne hilflos, wenn er auf sich selbst

gestellt ist. [...] Wenn er in Kontakt mit seinen Nachbarn kommt und beide wiederum mit weiteren Nachbarn, sammelt sich Sozialkapital an, mit dem sich seine gesellschaftlichen Bedürfnisse unmittelbar befriedigen lassen. Möglicherweise reicht dieses soziale Potenzial auch für eine substanzielle Verbesserung der Lebensbedingungen der gesamten Gemeinschaft aus". [36]

Nach dem Hanifan Anfang des 20. Jahrhunderts den Begriff Sozialkapital zum ersten Mal nutzte, verschwand der Begriff wieder. Erst in der zweiten Hälfte des 20. Jahrhunderts erlebte der Begriff eine starke Verbreitung. Während Hanifan den Begriff Sozialkapital eher metaphorisch benutzte, haben in der zweiten Hälfte des 20. Jahrhunderts mehrere konzeptionelle Sozialkapital-Modelle die Debatte angeregt. [37] Doch die verschiedenen Konzepte blieben unverbunden und haben sich ohne gegenseitige Bezugnahme entwickelt. [38]

Drei Protagonisten seien an dieser Stelle hervorgehoben: Pierre Bourdieu, James Coleman und Robert Putnam. Bei Pierre Bourdieu handelt es sich um eine individuelle Ressource: die Zugehörigkeit zu einer bestimmten Gruppe, samt den Ressourcen und Reputationen der Gruppenmitglieder. Bourdieu geht es also nicht um die Begründung einer Sozialkapital-Theorie, sondern um die Bedingungen, Erscheinungsformen und Transformationsprozesse verschiedener Kapitalarten. James Coleman rückt die sozialstrukturellen Ressourcen in den Vordergrund, ihm geht es um die Prinzipien, die das Wechselspiel von Mikro- und Makroebene beschreiben. Für Coleman kann das Sozialkapital die Wirkweisen zwischen dem Individuum und dessen Einbettung in die Sozialstrukturen sichtbar machen. Coleman sieht vor allem in qualitativen und weniger in quantitativen Analysen einen Nutzen des Konzepts. [39] Robert Putnam versteht unter Sozialkapital kollektive Ressourcen, die sich vor allem in Vereinsaktivitäten und Bürgerbeteiligung zeigen. Diese drei Ansätze können als Klassiker der

Sozialkapitaldebatte gelten und werden im nächsten Abschnitt vorgestellt.

● **Drei klassische Ansätze**

Pierre Bourdieu

Pierre Bourdieu veröffentlichte 1983 einen Aufsatz, in dem er den Kapitalbegriff für die soziologische Diskussion fruchtbar macht. Der Kapitalbegriff sei wirtschaftswissenschaftlich verengt, er

> „reduziert die Gesamtheit der gesellschaftlichen Austauschverhältnisse auf den bloßen Warentausch, der objektiv und subjektiv auf Profitmaximierung ausgerichtet und vom (ökonomischen) *Eigennutz* geleitet ist. Damit erklärt die Wirtschaftstheorie implizit alle anderen Formen sozialen Austausches zu nicht-ökonomischen, *uneigennützigen* Beziehungen. [...] Mit der Begründung einer derartig engen Wirtschaftswissenschaft wurde zugleich das Entstehen einer *allgemeinen Wissenschaft von der Ökonomie der Praxis* verhindert, die den Warentausch lediglich als speziellen Fall unter mehreren möglichen Formen von sozialem Austausch behandelt". [40]

Daher will Bourdieu den Kapitalbegriff in seinen verschiedenen Erscheinungsformen und Möglichkeiten gegenseitiger Transformation bedenken. Bourdieu unterscheidet die drei Kapitalarten des ökonomischen, kulturellen und sozialen Kapitals und beschreibt ihre Beziehungen zueinander.

Kulturelles Kapital kann in drei Formen vorliegen: zum einen als inkorporiertes Kulturkapital, das „zu einem festen Bestandteil der ‚Person', zum Habitus geworden ist" [41], also Bildung im weitesten Sinne, bis hin zu den kulturellen Fähigkeiten, „die den Genuss eines Gemäldes [...] erst ermöglichen". [42] Daneben kann sich kulturelles Kapital aber auch als objektiviertes Kulturkapital auf konkrete Kulturgüter wie beispielsweise Bücher oder Gemälde beziehen. Und schließlich meint institutionalisiertes Kulturkapital schulische, akademische oder Adelstitel.

Soziales Kapital definiert Bourdieu als

> „die Gesamtheit der aktuellen und potenziellen Ressourcen, die mit dem Besitz eines dauerhaften Netzes von mehr oder weniger institutionalisierten Beziehungen gegenseitigen Kennens oder Anerkennens verbunden sind; oder, anders ausgedrückt, es handelt sich dabei um Ressourcen, die auf der Zugehörigkeit zu einer Gruppe beruhen". [43]

Sozialkapital wird durch Austauschakte am Leben gehalten und verstärkt. Umgekehrt bedeutet dies, dass das soziale Kapital durch die Abnahme an Austauschbeziehungen schmilzt. Das Ausmaß des sozialen Kapitels einer Person wird bestimmt durch die Ausdehnung des eigenen Beziehungsnetzes und durch den Umfang des Kapitals derjenigen, die zu diesem Netz gehören. Sozialkapital ist also im Besitz einer Person (oder einer Gruppe, einer Familie etc.), nicht jedoch einer Region oder eines Landes. [44] Gleichzeitig ist soziales Kapital aber eben nicht allein im Besitz der betreffenden Person, denn dessen Sozialkapital besteht ja zu einem nicht unwesentlichen Teil aus Momenten, über die diese Person gerade nicht verfügen kann. Sozialkapital besteht nicht einfach fort, im Gegenteil, es ist eine „unaufhörliche Beziehungsarbeit in Form von ständigen Austauschakten erforderlich, durch die sich die gegenseitige Anerkennung immer wieder neu bestätigt". [45] Diese Austauschbeziehungen sind Produkt individueller oder auch kollektiver Anstrengungen – eben Investitionen. Das gegenseitige Anerkennen ist dabei „zugleich Voraussetzung und Ergebnis dieses Austausches". [46] Ziel ist es, dass diese Anstrengungen früher oder später einen unmittelbaren Nutzen ergeben. [47]

Bourdieu weist bereits darauf hin, dass Sozialkapital auch eine negative Funktion haben kann: „Sozialkapital fördert Desintegration und sorgt für die Reproduktion sozialer Ungleichheit". [48]

14

James Coleman

Auch der amerikanische Soziologe James Coleman nutzt den Begriff des Sozialkapitals. Ihm geht es um „sozialstrukturelle Ressourcen als Kapitalvermögen für das Individuum". [49] Es lässt sich nur schwer definieren, denn es kommt – bildlich gesprochen – in unterschiedlichen Gewändern daher.

Bei ihm steht Sozialkapital in einer Reihe neben Finanzkapital, physischem Kapital (Werkzeuge, Maschinen, Produktionsanlagen) und Humankapital. Dabei ist physisches Kapital „völlig konkret", Humankapital „weniger konkret" und soziales Kapital „noch weniger konkret". [50] Sozialkapital beruht vor allem auf generalisiertem Vertrauen und entsteht durch gegenseitige Verpflichtungen. Colemans Interesse am Sozialkapital liegt in der Mittlerfunktion zwischen Individuum und Sozialstruktur. Coleman nutzt die verschiedenen Kapitalarten vor allem, um die Eigenart des sozialen Kapitals näher bestimmen zu können. Ihm geht es also nicht wie Bourdieu um den Kapitalbegriff an und für sich. Mit dem Konzept des Sozialkapitals kann die Einbettung des Individuums in den Sozialstrukturen angemessen beschrieben werden.

Coleman führt das Sozialkapital-Konzept ein, um die jeweiligen Beschränkungen der beiden Hauptströmungen zur Erklärung sozialer Phänomene zu überwinden: Aus soziologischer Sicht wird das Individuum determiniert von Sozialstrukturen, Normen, Sozialisationsprozessen und ist letztlich kaum fähig, selbstständig zu handeln; aus ökonomischer Sicht werden zweckorientierte Handlungen von autonomen Subjekten beschrieben, die von umgebender Struktur völlig unberührt zu sein scheinen. „Economics is all about how people make choices, sociology is all about how they don't have any choice at all". [51]

Für Coleman ist das soziale Kapital „kein Einzelgebilde, sondern aus einer Vielzahl verschiedener Gebilde zusammengesetzt". [52] Er nennt folgende

sechs Formen des Sozialkapitals: Verpflichtungen und Erwartungen, Informationen, Normen und wirksame Sanktionen, Herrschaftsbeziehungen, zielgerichtet Organisationen und übereignungsfähige Organisationen. [53]

Coleman fasst einige Eigenarten des sozialen Kapitals zusammen: Sozialkapital ist faktisch unveräußerlich. „Obwohl es eine Ressource mit einem Gebrauchswert darstellt, kann es nicht ohne Schwierigkeiten ausgetauscht werden". [54] Sozialkapital ist – im Gegensatz zum physischen Kapital und zum Humankapital – kein rein privates Gut. Sozialkapital besitzt in vielen Fällen Aspekte eines „öffentlichen Gutes". Gewinne kommen nicht nur denen zugute, die in das Sozialkapital investiert haben, sondern allen, die zu der Sozialstruktur gehören, die dieses Sozialkapital hervorruft. [55] Die meisten Formen des Sozialkapitals entstehen oder verzehren sich als ein Nebenprodukt anderer Tätigkeiten. „Ein Großteil an sozialem Kapital entsteht oder vergeht, ohne dass irgendjemand bewusst dazu beiträgt". [56] Sozialkapital verliert zudem an Wert, wenn es nicht erneuert wird.

Coleman stellt abschließend einige Überlegungen zur Schaffung und Zerstörung sozialen Kapitals an. Geschlossenheit von sozialen Systemen führt zu größerem Vertrauen, das wiederum eine Voraussetzung für die Entstehung von Sozialkapital darstellt. Stabilität innerhalb der Sozialstruktur ist wichtig, um Sozialkapital zu erhalten. Auch Ideologie kann soziales Kapital hervorrufen. Schließlich kann Sozialkapital auch durch Faktoren entwertet werden, die gemeinhin als soziale Errungenschaften gelten: staatliche Unterstützung und Wohlstand sind hier an erster Stelle zu nennen.

Robert Putnam

Die populärste Stimme in der Sozialkapitaldebatte ist Robert Putnam. Drei Veröffentlichungen sind hervorzuheben: In *Making Democracy Work* (1993) belegt Putnam empirisch, dass die drei Faktoren Vertrauen, Normen und soziale Netzwerke für die Effektivität demokratischer Institutionen in den verschiedenen Regionen Italiens ausschlaggebend sind, nicht deren ökonomisches Niveau. Auf eine kernige Formulierung gebracht: „Good government [...] is a by-product of singing groups and soccer clubs".[57]

Basierend auf diesen Erkenntnissen arbeitet Putnam 1995 in dem Aufsatz *Bowling Alone* den Gedanken des Sozialkapitals weiter aus. Dieser Aufsatz löste eine breite Debatte aus. Bemerkenswert war, dass diese Resonanz weit über die Sozialwissenschaften hinaus reichte. Sozialkapital wurde zu einer öffentlichen Debatte in den USA. Im Jahr 2000 legte Putnam dann seine umfassende Sozialkapital-Studie unter dem gleichen Titel vor.

Putnams Arbeiten stehen in der Tradition des Kommunitarismus. Er bezieht sich auf Alexis de Tocquevilles These, dass für eine funktionierende Demokratie ein vitales Vereinsleben eine entscheidende Voraussetzung darstellt. Putnam hat daher auch weniger ein Interesse am Einzelnen, am individuellen Akteur, sondern bezieht sich auf das Sozialkapital von Regionen, Städten und ganzen Ländern. Damit schließt er an Hanifan an, unterscheidet sich aber von Bourdieu und Coleman. Putnam hat das Sozialkapital einzelner Regionen und Bundesstaaten erhoben, in dem er das Beziehungskapital der Einzelnen aggregiert und mit weiteren statistischen Daten kombiniert. Es entsteht ein Index über das Ausmaß an Sozialkapital in dem jeweiligen Kollektiv.

Es scheint, als beschreibe Putnam nicht das Phänomen des Sozialkapitals, sondern das Phänomen des abnehmenden zivilgesellschaftlichen Engagements.[58] Dies belegt er empirisch, in dem er eine Vielzahl an Untersuchungen und Statistiken heranzieht. Grundsätzlich stellt er eine Abnahme der Beteiligung an formalen Vereinigungen fest bei politischer Partizipation, bürgerschaftlichem En-

gagement, öffentlicher Religionsausübung und Vereinigungen am Arbeitsplatz. Die Kritik an seinem Vorgehen, sich ausschließlich auf formelle Verbindungen zu beziehen, nimmt er in *Bowling Alone* auf und untersucht nun auch die informellen sozialen Vereinigungen.[59] Einzig das Engagement in kleinen privaten Gruppierungen wie Leseclubs, internetbasierte soziale Bewegungen scheint zu steigen. Für die Abnahme des zivilgesellschaftlichen Engagements macht er vor allem vier Faktoren verantwortlich: die sich ändernde Familienstruktur, die Auswirkungen der Erwerbsarbeit, die zunehmende Mobilität und – wie es sich für einen ordentlichen Kulturpessimisten gehört – das Fernsehen und die Massenmedien.[60]

Putnam ist es zu verdanken, der Debatte um zivilgesellschaftliches Engagement einen neuen Schwung gegeben zu haben. Dies liegt vor allem daran, dass er geschickt den Begriff des Sozialkapitals genutzt hat. Putnams Arbeiten haben aber auch vielfache Kritik hervorgerufen[61], und zwar sowohl in konzeptioneller als auch in methodischer Hinsicht. Zudem wird seine These des abnehmenden Sozialkapitals kritisiert.[62] Putnam sieht Sozialkapital vor allem von den formalen Vereinigungen geprägt: Vereine, Parteien, Verbände. Es ist fraglich, ob solche Vereinigungen überhaupt die in sie gesetzten Erwartungen erfüllen können und ob das notwendige soziale Vertrauen auch tatsächlich in erster Linie durch formelle Vereinigungen gebildet wird. Das kleinräumig entstandene Sozialkapital wird als Grundbedingung für eine funktionierende Demokratie gesehen. Doch die von Putnam belegten Zusammenhänge zwischen der Abnahme der Anzahl von Picknicks oder von Mitgliedschaften in Nachbarschaftsvereinen mit der Abnahme des Vertrauens in die Regierung können zwar Korrelationen darstellen, aber nicht unbedingt Kausalitäten.

● **Merkmale sozialen Kapitals**

Um nun in den unterschiedlichen theoretischen Ansätzen der einzelnen Sozialkapital-Modelle nicht stecken zu bleiben, wird im Folgenden beschrieben, was soziales Kapital grundlegend kennzeichnet. Die Hauptmerkmale von sozialem Kapital werden hier stichpunktartig aufgeführt.

Nutzung und Produktivität: Beim Sozialkapital handelt es sich um eine Ressource, die sich durch ihren Gebrauch nicht abnutzt oder erschöpft, sondern sich durch ihre Nutzung vermehrt. [63] James Coleman beschreibt dies so: Soziales Kapital verliert an Wert, „wenn es nicht erneuert wird. Soziale Beziehungen zerbrechen, wenn sie nicht aufrechterhalten werden. Erwartungen und Verpflichtungen verlieren mit der Zeit an Bedeutung. Und Normen sind abhängig von regelmäßiger Kommunikation". [64]

Entstehung und Pflege: Sozialkapital entsteht durch Interaktion. Es existiert nur, wenn es geteilt wird. [65] „Für die Reproduktion von Sozialkapital ist eine unaufhörliche Beziehungsarbeit in Form von ständigen Austauschakten erforderlich, durch die sich gegenseitige Anerkennung immer wieder neu bestätigt". [66] Im Unterschied zu Finanz- und Humankapital lässt sich Sozialkapital nur in Beziehungen realisieren.

Ort: Während ökonomisches Kapital auf Finanzmärkten zirkuliert oder als Sachkapital in physischen Produktionsmitteln akkumuliert wird, und sich Humankapital vor allem in den Köpfen der Menschen und in ihren Fähigkeiten bildet, entsteht das Sozialkapital in der Beziehungsstruktur zwischen den Menschen. [67] Dort, und nur dort, hat es seinen Ort.

Eigener Zugriff, aber kein Eigentum: Sozialkapital ist eine Ressource, über die man verfügen kann, die man instrumentell einsetzen kann, die man aber nicht besitzen kann. Man kann auf das eigene so-ziale Kapital zugreifen, es ist aber trotzdem nicht das Eigentum dieser Person.

Ebenso kann Sozialkapital *individuelle und kollektive Wirkungen* haben. Soziales Kapital kann nicht nur für den Einzelnen, der über Sozialkapital verfügt, Wirkungen aufweisen, sondern auch für Kollektive (Gemeinwesen etc.). Sozialkapital ist also einerseits eine individuelle Ressource (auch wenn sie nicht unabhängig von anderen ist), die für private Zwecke eingesetzt werden kann, andererseits ist sie auch ein öffentliches Gut. Dies führt auch dazu, dass Personen auf Sozialkapital zurückgreifen können, die nicht selbst zum Aufbau dieses Kapitals beigetragen haben.

Ein wichtiges Merkmal von Sozialkapital ist, dass es in der Regel als Nebeneffekt entsteht. Die *Wirkungen von Sozialkapital* können daher auch nur schwer eingeschätzt werden, da sie nicht eindeutig identifizierbar sind. [68] Es wird wohl kaum Wirkungen geben, die monokausal auf Sozialkapital zurückgeführt werden können. Dies gilt selbstverständlich auch für die Minderung von Sozialkapital: Auch dies geschieht – vielleicht mit Ausnahme von bewusster Rufschädigung – in den meisten Fällen als Nebeneffekt anderer Aktivitäten und nicht als gezielte Intervention zur Vernichtung von Sozialkapital.

Unterinvestition und Trittbrettfahrer: Beim sozialen Kapital besteht die grundsätzliche Gefahr, dass es eine Unterinvestition erfährt. Das liegt an seinem Charakter als quasi-öffentliches Gut und dem zuvor genannten Aspekt, dass es sich oft als Nebeneffekt einstellt. Die Gefahr der Unterinvestition wird durch die Ausnutzung von Trittbrettfahrern („free-riders") verschärft.

Das Verfügen über Sozialkapital wird in der Regel als positiv und wünschenswert dargestellt. Sozialkapital kann aber ebenso *negative Wirkungen* aufweisen. Denn Sozialkapital muss nicht unbedingt im Sinne der Gesamtgesellschaft eingesetzt werden. Es hat auch eine „dunkle Seite"

(Pierre Bourdieu). Auf mögliche negative Wirkungen hat zuerst Bourdieu hingewiesen, später auch Putnam. [69] Sozialkapital kann soziale Spannungen in der Gesellschaft sowohl überbrücken helfen als auch verfestigen.

Für Pierre Bourdieu stellen auch die potenziell nutzbaren Beziehungen bereits Sozialkapital dar. Daher ist auch die *Unterscheidung zwischen potenziellem und realisiertem Sozialkapital* hilfreich. Potenzielles Sozialkapital meint die Möglichkeit, auf die Ressourcen der verfügbaren Akteure zurückgreifen zu können. Das realisierte Sozialkapital beschreibt hingegen die tatsächlich in Anspruch genommenen Ressourcen. Methodisch gesehen ist es relativ einfach, realisiertes Sozialkapital zu erheben. Die Erhebung potenziellen Sozialkapitals bleibt hingegen fiktiv und stellt damit vor große methodische Schwierigkeiten. Trotzdem ist diese konzeptionelle Unterscheidung nicht unwichtig. Potenzielles Sozialkapital ist mindestens gleich groß wie das realisierte Sozialkapital, es kann aber davon ausgegangen werden, dass es erheblich größer ist. Die entscheidende Frage ist, ob allein schon die Potenzialität von Sozialkapital auf das Individuum oder das Kollektiv eine Wirkung hat.

Sozialkapital kann *andere Kapitalarten nicht ersetzen, aber als Katalysator fungieren*, es kann den Prozess der Bildung von kulturellem, ökonomischen oder Humankapital beschleunigen und effektiver machen. „Social capital is best understood, and developed, in interaction with other capitals". [70] Das Humankapital eines Individuums, das nicht mit sozialem Kapital verbunden ist, verdorrt geradezu. Und der Wert sozialen Kapitals wird sich gerade dann entfalten können, wenn es Beziehungen zu Humankapital und ökonomischen Kapital aufweist – bis hin zu „identity capital, the psychological self-esteem which positively enhances capacity". [71] Es besteht eine deutliche Notwendigkeit, die Wechselwirkungen zwischen Sozialkapital und anderen Kapitalarten – Humankapital und ökonomisches Kapital – zu ergründen. [72]

Bezüglich der integrierenden wie desintegrierenden Wirkungen von sozialem Kapital nutzt Putnam in seiner 2000 erschienen umfangreichen Studie *Bowling Alone* die Unterscheidung von bindendem („bonding") und brückenbildendem („bridging") Sozialkapital. [73]

Bonding-Sozialkapital entsteht durch die starke Bindung innerhalb homogen zusammengesetzter Netzwerke. Man kennt sich, die Gruppe ist überschaubar, oft herrschen recht intime Beziehungen vor. Besonderer Wert wird auf emotionale Unterstützung und Kameradschaft gelegt, die Bedürfnisse der eigenen Gruppe stehen im Vordergrund. Die *bonding*-Kräfte erleichtern Interaktionen innerhalb der Gruppe, erschweren aber gleichzeitig die Interaktionen mit Außenstehenden. Die Dimension des *bridgings* meint in der Sozialkapital-Theorie die brückenbildenden Effekte zwischen unterschiedlichen Menschen in heterogen zusammengesetzten Gruppen und Netzen. Die Beziehungen innerhalb dieser Kollektive sind dementsprechend weniger intim, hingegen ist der Sinn für gesellschaftliche Zusammenhänge und Verantwortung meist stark ausgeprägt.

Die Kollektive, in denen *bonding*-Kapital eine bedeutende Rolle spielt, stellen für die Mitglieder oft ein „protection network" dar und sorgen für ein „get by", vor allem in Krisen. Die Kollektive, die *bridging*-Kapital entwickeln, können eher als „innovation networks" verstanden werden, sie sorgen eher für ein „go ahead". Bonding und bridging werden daher in Verbindung mit Mark Granovetters bekannter Unterscheidung von starken und schwachen Bindungen gebracht. [74] Brückenbildendes Sozialkapital bringt unterschiedliche Menschen zusammen, bindendes Sozialkapital hingegen ähnliche Menschen. „Verkürzt gesagt: *bonding* macht Gruppen stark, *bridging* macht sie demokratisch". [75] Robert Wuthnow weist darauf hin, dass bridging schwieriger zu erreichen und zu erhalten ist.[76] *Bridging* entsteht durch Gelegenheiten, *bonding* entsteht durch emotionale Verbundenheit. *Bridging* braucht Viele. *Bonding* braucht Vertrautheit.

Diese Differenzierung erwies sich als hilfreich, führt aber ebenfalls zu fragwürdigen Interpretationen, in dem nämlich *bonding* mehr oder weniger deutlich als negativ und *bridging* als erstrebenswert gedeutet wurde. Das brückenbildende Sozialkapital wird als eine wichtige Bedingung für eine gesunde Zivilgesellschaft und für demokratische Tugenden gesehen. So verwundert es nicht, dass viele Sozialkapital-Theoretiker *bonding*-Effekten kritisch gegenüberstehen und die negativen Aspekte des Sozialkapitals gerade auf die *bonding*-Effekte zurückführen.

Allerdings sollten die brückenbildenden Effekte auch nicht euphemistisch überbewertet werden.[77] „Offensichtlich befinden sich die beiden Pole *bridging* und *bonding* in einem sehr diffizilen Austauschverhältnis. Ohne ein gewisses Maß an bindenden Aktivitäten sind brückenbildende Strukturen nicht zu halten. Schwingt das Pendel allerdings zu sehr in eine der beiden Richtungen, steht die demokratische Relevanz der Gruppe infrage: durch Auflösung im Fall eines Übermaßes an *bridging*, durch Sektierertum, Isolationismus und Gruppenegoismus bei zu starker Betonung des verbindenden Elements".[78]

Bonding ist vor allem dann negativ zu bewerten, wenn es im Kontext von Fundamentalismus steht oder wenn Menschen *ausschließlich* über bindendes Sozialkapital verfügen. Beides ist bei Kirchengemeinden volkskirchlicher Prägung unwahrscheinlich. Kirchengemeinden laufen also faktisch kaum Gefahr, ein Zuviel an *bonding* zu fördern und sich (sektiererisch) abzuschließen. Die Gefahr besteht viel eher darin, die brückenbildenden Funktionen nicht stark genug voranzutreiben.

Abschließend sei noch auf eine wichtige Unterscheidung in Anlehnung an Robert Wuthnow hingewiesen. Wuthnow untersucht, ob kirchengemeindliche Teilnahme im Zusammenhang steht mit dem Vorhandensein von einflussreichen Freunden und Bekannten. Wuthnow fragt damit nach der Funktion von brückenbildendem Sozialkapital, kritisiert aber an der *bridging*-Dimension, dass alle sozialen Differenzen, zwischen denen in irgendeiner Weise eine Brücke geschlagen werden kann, zusammengewürfelt werden. Deshalb schlägt er vor, zwischen zwei Typen des *bridgings* zu unterscheiden. *Identity briding social capital* bezieht sich auf die überbrückende Funktion von Ethnizität, Nationalität, Religionszugehörigkeit, sexuelle Präferenzen oder Alter, *status briding social capital* auf Macht, Einfluss, Reichtum oder Prestige. Statusüberbrückendes Sozialkapital ist daher besonders wichtig für benachteiligte Menschen, um Unterstützung, Informationen oder anderes von höher stehenden Personen erhalten zu können.

• Der Kern sozialen Kapitals

Auch wenn die Definitionen von Sozialkapital weiterhin heterogen bleiben[79], hat sich ein pragmatischer Minimalkonsens durchgesetzt. Beispielhaft sei hier die Definition der OECD angeführt: Sozialkapital meint „Netzwerkbeziehungen zusammen mit gemeinsamen Normen, Wertmaßstäben und Überzeugungen, die die Zusammenarbeit in oder zwischen den Gruppen erleichtern".[80] Und nach Putnam liegen die drei Kernbestandteile sozialen Kapitals in Netzwerken, Vertrauen und Normen.[81]

Sozialkapital beschreibt also „drei sehr unterschiedliche Sachverhalte [...]. Als Sozialkapital werden erstens die Ressourcen aufgefasst, auf die ein Individuum aufgrund seiner Zugehörigkeit zu verschiedenen Netzwerken potenziell zugreifen kann. Zweitens wird unter dem Begriff auch das generalisierte Vertrauen in Personen und Institutio-

		Beziehungskapital als individuelle Ressource	Systemkapital als kollektive Ressource
Strukturelle Dimension	Netzwerke	Beziehungen	Verteilung von Netzwerkstrukturen
Kulturelle Dimension	Vertrauen	soziales Vertrauen	generalisiertes soziales Vertrauen
	Werte/Normen	gemeinschaftsbezogene Werte und Normen	kollektive Geltung gemeinschaftsbezogener Werte und Normen

Gabriel/Kunz/Roßteutscher/van Deth 2002: 29

nen verstanden. Drittens schließlich wird der Begriff ‚Sozialkapital' auch verwendet, wenn von allgemeinen Normen, wie Fairness- oder Reziprozitätsnormen, gesprochen wird".[82]

Da sich diese Kernkomponenten von ihrer Art deutlich unterscheiden, sollte zwischen einer strukturellen Dimension (Netzwerke) und einer kulturellen Dimension (Vertrauen, Werte/Normen) differenziert werden. Neben dieser Unterscheidung des „Charakters" der Hauptkomponenten wurde von Hartmut Esser auf die analytische Trennung von „Beziehungskapital" und „Systemkapital" hingewiesen.[83] Damit kommen zwei Perspektiven sozialen Kapitals zur Geltung, die bereits anklangen: Sozialkapital kann als individuelle wie auch als kollektive Ressource verstanden werden. Vor allem durch Putnams Forschungstätigkeiten ist die Sichtweise des Systemkapitals stark in den Vordergrund gerückt, Bourdieus Überlegungen zielten hingegen stärker auf das Beziehungskapital. Die beiden genannten konzeptionellen Unterscheidungen (strukturelle und kulturelle Dimensionen, individuelle und kollektive Perspektive) werden auch als „doppelte Doppelseitigkeit" des Sozialkapitalkonzepts beschrieben.

Anhand der Matrix wird erkennbar, wie eng beziehungsweise weit die Verständnisse von Sozialka-pital sind. Bei einer weiten Definition umfasst das Sozialkapital das Ausmaß an Netzwerken, Vertrauen und Normen/Werten; bei einem engeren Verständnis zählen zum Sozialkapital nur die Netzwerke als strukturelle Dimension. In diesem Sinne wird auch gelegentlich plädiert, „eine begriffliche Trennung von generalisiertem Vertrauen, Normen und Werten und Sozialkapital" vorzunehmen.[84]

Putnam bildet einen aus 14 Einzelindikatoren zusammengesetzten Index. Inhaltlich ordnet er diese Indikatoren fünf Kategorien zu: Teilnahme am Gemeinschafts- und Organisationsleben, informelle Geselligkeit, öffentliches Engagement, ehrenamtliche Tätigkeiten und subjektives Niveau des zwischenmenschlichen Vertrauens. Damit macht er das Konstrukt „Sozialkapital" handhabbar. Man muss aber aus konzeptioneller wie auch aus empirischer Sicht feststellen, dass es sich beim Sozialkapital „nicht um ein einheitliches soziokulturelles Syndrom handelt, welches anhand eines einzigen Indexes abgebildet werden könnte, sondern dass verschiedene und weitgehend voneinander unabhängige Phänomene unter dem Begriff subsumiert werden".[85]

Die grundsätzliche Frage ist, ob Sozialkapital in der Tat eine mehr oder weniger eigenständige Größe ist, die sich zwar anhand verschiedener Komponenten wie etwa Netzwerke, Vertrauen oder Rezi-prozitätsnormen zeigt, aber letztlich eng verflochten ist. Doch empirische Untersuchungen sprechen dafür, dass das Sozialkapital eben keine singuläre Größe darstellt, sondern dass dieser Begriff unterschiedliche Phänomene zusammenfasst, ein Gesamt-Index ist daher weder möglich noch sinnvoll. [86]

Die Sozialkapitalforschung hat gezeigt, dass die drei Kernkomponenten lediglich recht lose miteinander verbunden sind. So belegen die Analysen von Gabriel et al., „dass zwischen den drei Aspekten nur ein schwacher Zusammenhang besteht. Deshalb ist die Hypothese plausibel, dass unterschiedliche Bedingungen zu ihrer Entstehung und Diffusion beitragen. Mit anderen Worten, was Menschen daran hindert, Mitglied in einem Verein zu werden, mag sehr wohl dazu beitragen, dass sie gemeinschaftsbezogene Werte und Normen entwickeln oder ihren Mitmenschen grundsätzlich vertrauen". [87]

Wichtig zu beachten ist, dass es sich bei all dem um *Ersatzmessgrößen* handelt. Da man Sozialkapital nicht „an und für sich" erfassen kann, kann man nur den Umweg über Indikatoren gehen, die für das stehen, was die Sozialkapital-Bestandteile darstellen. Die Ersatzmessgrößen und Indikatoren des sozialen Kapitals dürfen dabei aber nicht dem Sozialkapital selbst verwechselt werden.

So darf zum Beispiel ehrenamtliches Engagement nicht mit Sozialkapital gleichgesetzt werden. Ehrenamtliches Engagement ist lediglich ein Indiz dafür, dass der Engagierte über Sozialkapital verfügt. Zudem ist Engagement grundsätzlich umrechenbar in ökonomisches Kapital – auch wenn die möglichen Verfahren diesbezüglich politisch umstritten sind. Doch auch wenn kein Konsens über Umrechnungsverfahren besteht, kann der Engagement-Output als monetäre Größe aufgefasst werden. Damit handelt es sich bei der Leistung des Engage-ments um ökonomisches und nicht um soziales Kapital.

Noch problematischer wird dies bei der Ersatzmessgröße „Vertrauen". Denn Vertrauen ist nicht nur Bestandteil von sozialem Kapital, sondern auch dessen Voraussetzung als auch dessen Wirkung. Hier liegt das Problem, dass Sozialkapital zu einem tautologischen Konzept wird.

In dieser Studie werden beide Dimensionen des Sozialkapitals als wesentlich verstanden, die strukturelle wie die kulturelle. Allerdings wird der Aspekt des Vertrauens nicht weiter verfolgt, da Vertrauen als Kernbestandteil sozialen Kapitals sowohl theoretisch als auch empirisch als problematisch gelten kann.

• Religiöses Sozialkapital

Die Bedeutung von religiösen Organisationen bei der Entstehung von Sozialkapital ist unbestreitbar, allerdings wurde Kirchengemeinden in der Forschung lange Zeit erstaunlich wenig Aufmerksamkeit geschenkt. [88] Mittlerweile nimmt die Zahl der Studien zu, die nach dem Verhältnis von Sozialkapital und Religion fragen. In diesen Studien wird meist von „religiösem Sozialkapital" oder „faith capital" gesprochen. Gemeint ist Sozialkapital, das in und durch religiöse Vereinigungen und Netzwerke entstanden ist. Hierbei handelt es sich jedoch vor allem um amerikanische Studien, die aufgrund der Unterschiede zwischen amerikanischen und deutschen Kirchengemeinden oft wenig übertragbar sind.

Gegenwärtig gibt es ein deutliches Interesse an Fragen religiöser Vergemeinschaftungsprozesse. In der empirischen Erforschung religiösen Sozialkapitals wird die Chance gesehen, „die mittlerweile manchmal sehr stark auf die individualisierte Religiosität bezogene Religionssoziologie (wieder) um die Facette religiöser Kollektividentitäten und Sozialisierungsprozesse" zu erweitern. [89] Der Zusammenhang von Religion und Sozialkapital bietet also die Möglichkeit, „religiöse Vergemeinschaftungs- und Vergesellschaftungsprozesse wieder stärker in den Blick zu nehmen. [90]

Begrifflich darf „religiöses Sozialkapital" nicht mit „religiösem Kapital" verwechselt werden. Religiöses Kapital bezieht sich auf das Ausmaß an Wissen und Partizipation bezüglich einer religiösen Tradition, das den Status im religiösen Feld bestimmt, so Pierre Bourdieu. Religiöses Kapital kann man als Spielart des kulturellen Kapitals zählen, es kann aber auch als eigene Kapitalart neben ökonomischen, Human- und Sozialkapital verstanden werden. Im Gegensatz dazu wird in dieser Untersuchung „religiöses Sozialkapital" als dasjenige Sozialkapital verstanden, das im Kontext von Kirchengemeinden entsteht. Korrekterweise muss also von kirchengemeindlichem Sozialkapital gesprochen werden.

Eine zentrale Frage ist, ob das im Kontext von Religionsgemeinschaften entstandene Sozialkapital besonderer Art ist. [91] Religiöse Organisationen scheinen das in ihrem Kontext entstehende Sozialkapital zumindest zu „färben" (Robert Wuthnow). Für die Situation in den USA benennt Corwin Smidt mehrere Aspekte, die ihn veranlassen, von einem spezifisch religiös geprägten Sozialkapital auszugehen. [92] Hauptsächlich wird religiöses Sozialkapital als dauerhafter in seinem Bestand angesehen. Hierfür sprechen die starke Verwurzelung am Ort und das oft jahrzehntelang andauernde Engagement der Mitarbeitenden in Kirchengemeinden. Es entsteht zum Teil ohne die Erwartung, dass es sich mittel- oder langfristig „rechnen" muss. [93] Vor allem tragen die Bedingungen, Strukturen und Kontexte religiöser Organisationen maßgeblich zur Entstehung des Sozialkapitals bei: „social ties embodied in religious communities are at least as important as relgious beliefs". [94] Das heißt, Kirchengemeinden stellen bereits aufgrund ihrer Struktur

einen sozialkapitalbildenden Kontext dar. „Connectedness, not merly faith, is responsible for the beneficence of church people". [95]

Richard Traunmüller weist einen positiven Zusammenhang zwischen Religiosität und Einbindung in formelle zivilgesellschaftliche Netze nach: Mitglieder der evangelischen und katholischen Kirche sind stärker in formellen zivilgesellschaftlichen Netzwerken integriert, Protestanten etwas stärker als Katholiken. Zudem beeinflusst Religion auch informelle Netze: Öffentliche religiöse Praxis (Teilnahme an Gottesdiensten und an religiösen Veranstaltungen) geht mit einem größeren Freundschaftsnetzwerk und einer regeren Soziabilität einher. [96] Die subjektive Religiosität ist dabei von geringerer Bedeutung. Dies stützt die These, dass weniger die religiöse Überzeugung die treibende Kraft ist, sondern die Möglichkeiten, die das Engagement in Kirchengemeinden bieten. Traunmüller kommt zu dem Ergebnis: „Evangelische Gemeinden stellen einen fruchtbareren Nährboden für soziales Engagement und Beteiligung dar als katholische". [97] Erklärt wird dies damit, dass „die horizontale Organisation protestantischer Gemeinden mehr Raum für Engagement zulassen sollte als die hierarchische Organisationsstruktur der katholischen Kirche". [98] Trotzdem gibt es eine wesentliche Gemeinsamkeit hinsichtlich der katholischen und evangelischen Konfession: „Es sind vor allem die beiden großen Konfessionen in Deutschland, welche es vermögen, ihre Mitglieder in zivilgesellschaftliche Strukturen zu integrieren". [99] Es scheint also einen „Faktor Volkskirche" zu geben.

Denn gerade größere religiöse Gruppierungen bieten eine höhere Wahrscheinlichkeit der Entstehung von brückenbildendem Sozialkapital. Der Grund liegt in einer größeren Offenheit in der Sozialstruktur sowie einer breiteren Themenvielfalt. [100] Kleinere religiöse Gruppen bestehen in der Regel aus einem recht homogenen Kreis an Mitgliedern. Identitätsbildung geschieht hier vor allem über Abgrenzung (gegenüber anderen Gruppierungen, aber zum Teil auch gegenüber der Gesellschaft), was dem sogenannten Homophilie-Prinzip Vorschub leistet. Dies zu überwinden, ist ausgemachter Wunsch der Kirche – der freilich nicht immer gelingt.

Gert Pickel und Anja Gladkirch deuten – in aller Vorsicht – eine interessante Interpretation bezüglich der Wirkung religiösen Sozialkapitals an: Das strukturelle religiöse Sozialkapital – also die Mitgliedschaft und das Engagement in religiösen Gruppen – scheint einen brückenbildenden Charakter aufzuweisen (*bridging*), das kulturelle religiöse Sozialkapital hingegen einen nach innen bindenden Charakter bei gleichzeitiger Abgrenzung gegenüber alternativen sozialen Gruppen (*bonding*). Sie kommen zu einer weiteren interessanten Schlussfolgerung: Für die eher inaktiven Mitglieder in religiösen Gruppierungen sind gerade diese Binde-Effekte bedeutsam, sie legen „eher Wert auf eine (kollektive) Identität stiftende Integration, weniger auf eine zu anderen Gruppen brückenbildende".[101] Während Menschen, die sich aktiv in religiösen Netzwerken engagieren, hingegen über deutlich ausgeprägteres brückenbildendes religiöses Sozialkapital verfügen. Daraus wird geschlussfolgert, dass die kulturelle Komponente religiösen Kapitals eher an Bedeutung verlieren wird, da wohl nicht von einer religiösen Revitalisierung der Gesellschaft auszugehen ist. Eher gewinnt das strukturelle religiöse Sozialkapital an Bedeutung. Dieses Sozialkapital ist bei aller Gefahr einer Säkularisierung innerhalb dieser Netzwerke – die somit eher als „religiös-säkulare" Netzwerke zu bezeichnen sind – die Brücke zur säkularen Gesellschaft. Diese Netze stellen also einen „offenen Kontaktraum" dar, ohne den sich die Kirchen „auf eine zunehmend isolierte Position und einen fortschreitenden Mitgliederschwund einstellen" müssen.[102]

Wenn davon ausgegangen werden kann, dass die am kirchengemeindlichen Leben Beteiligten über ein höheres Sozialkapital verfügen, stellt sich die Frage, worin dieser Effekt begründet ist. Grundsätzlich sind zwei Möglichkeiten denkbar: durch die Beteiligung selbst, also durch Partizipationseffekte („participation effects") oder durch eine Selektion der Beteiligten im Vorfeld („selective affiliation") (Wuthnow 2002). Die eine Erklärung unterstellt, dass sich durch das Engagement in der Kirchengemeinde das Sozialkapital erhöht, die andere Erklärung geht davon aus, dass sich gerade die Menschen in Kirchengemeinden engagieren, die bereits über eine gute Ausstattung an Sozialkapital verfügen. Während der eine Mechanismus also darauf zielt, dass eine Kirchengemeinde durch das kirchengemeindliche Leben selbst ein sozialkapitalbildender Ort ist, hebt der andere Mechanismus darauf ab, dass Sozialkapital in die Kirchengemeinden mitgebracht und dort verstärkt wird. Wuthnow weist darauf hin, dass es kaum möglich sein wird nachzuweisen, welcher Effekt stärker ist.[103]

Wuthnow unterscheidet zwei Sichtweisen auf religiöses Sozialkapital: Zunächst wird unter religiösem Sozialkapital die Bereitschaft für tätiges Engagement bezeichnet, die im Raum von Kirchengemeinden erworben wurde (unabhängig davon, ob sich dieses Engagement auf den Binnenraum der Kirchengemeinde oder auf zivilgesellschaftliches Handeln bezieht). Diese Engagementbereitschaft wird besonders durch religiöse Überzeugungen geweckt und erhalten. Darüber hinaus kann religiöses Sozialkapital allerdings auch als die Beziehungen und Kontakte zu einflussreich(er)en Personen verstanden werden: „people who participate actively in congregations make friends with other congregants and are often more likely to interact with neighbours and hold memberships in other civic organizations".[104]

Im Anschluss an diese beiden Perspektiven kann der Begriff Sozialkapital im Kontext von Kirchengemeinden daher zum einen als Chiffre für *Engagement* gelten. Dies führt vor allem zur Frage nach der zivilgesellschaftlichen Bedeutung von Kirchengemeinden. Zum anderen kann der Begriff Sozial-kapital auch Chiffre für *Kontakt- und Beziehungs-netzwerke* verwendet werden. Hier sind Fragen zur Partizipation am kirchengemeindlichen Leben von besonderem Interesse.

[18] Vgl. Roßteutscher 2009: 18.

[19] Bourdieu 1983: 190-191.

[20] Franzen/Pointner 2007: 70

[21] Coleman 1991.

[22] Putnam 2000: 19.

[23] Überblick bei Freitag/Traunmüller 2008: 202.

[24] Vgl. Westle/Gabriel 2008: 15-18.

[25] Vgl. Woolcock 2001.

[26] Keeley 2010: 120.

[27] Zur grundsätzlichen Kritik am Konzept des sozialen Kapitals siehe vor allem Fine 2001.

[28] „Anything that facilitates cooperation between individuals can be conceptualized as social capital", van Deth 2088: 153; siehe auch Frantzen/Freitag 2007: 10.

[29] Putnam 2001: 41.

[30] Zwei Beispiele zur Verdeutlichung: (1) Vertrauen ist eine zentrale Kategorie in vielen Sozialkapitalkonzepten. Doch die Entstehung von Vertrauen ist kulturell abhängig; vgl. z.B. die verschiedenen Vertrauensbildungstheorien bei Delhey/Newton 2004. (2) Ebenso zählt die Mitgliedschaft in Vereinigungen (im weitesten Sinne) als ein bedeutender Indikator für Sozialkapital. Es macht aber einen großen Unterschied, ob diese Vereinigungen formeller oder informeller Art sind, auch dies ist wieder kontextabhängig und kulturell bedingt. Ergebnisse der Social Capital Initiative der Weltbank weisen zum Beispiel darauf hin, dass in den Andenstaaten, Indonesien und Kenia besonders formelle Vereinigungen im Alltagsleben bedeutend sind, in Indien und Russland hingegen informelle; vgl. Grootaert/van Bastelaer 2001: 25. Aus all dem folgt, dass die Ergebnisse der Sozialkapitalforschung kaum generalisierbar sind.

[31] Diekmann 2007: 48.

[32] Putnam 1993.

[33] Kriesi 2007: 40.

[34] Roßteutscher 2009.

[35] Andererseits wird in der deutschen Diskussion zum Sozialkapital immer wieder auf den Wert institutionellen Sozialkapitals hingewiesen; vgl. Karstedt 2004.

[36] Hanifan 1916: 130; zitiert nach Putnam/Goss 2001: 17.

37   Zum Verlauf der Debatte siehe beispielsweise Schuller/Baron/Field 2000.

38   Der Begriff Sozialkapital wurde „unabhängig voneinander mindestens sechsmal wieder erfunden"; Putnam/Goss 2001: 17.

39   Coleman 1991: 396.

40   Bourdieu 1983: 184.

41   Bourdieu 1983: 187.

42   Ebd.

43   Bourdieu 1983: 190-191.

44   So wird dies in den von Robert Putnam geprägten Sozialkapitalverständnissen verstanden.

45   Bourdieu 1983: 193.

46   Ebd.

47   Um die Umwandlung der Kapitalarten nachvollziehen zu können, warnt Bourdieu vor zwei gegensätzlichen Betrachtungsweisen, dem Ökonomismus und dem Semiologismus. Ersterer hält letztlich alle Kapitalformen auf ökonomisches Kapital reduzierbar, letzterer „reduziert die sozialen Austauschbeziehungen auf Kommunikationsphänomene und ignoriert die brutale Tatsache der universellen Reduzierbarkeit auf die Ökonomie" (Bourdie 1983: 196). „Das *ökonomische Kapital* ist unmittelbar und direkt in Geld konvertierbar und es eignet sich besonders zur Institutionalisierung in der Form des Eigentumsrechts; das *kulturelle Kapital* ist unter bestimmten Voraussetzungen in ökonomisches Kapital konvertierbar und eignet sich besonders zur Institutionalisierung in Form von schulischen Titeln; das *soziale Kapital*, das Kapital an sozialen Verpflichtungen oder ‚Beziehungen', ist unter bestimmten Voraussetzungen ebenfalls in ökonomisches Kapital konvertierbar und eignet sich besonders zur Institutionalisierung in Form von Adelstiteln" (Bourdieu 1983.: 185). Das Äquivalenzmaß zur Umrechnung ist die Arbeitszeit, und zwar diejenige, die zur Bildung des Kapitals und zur Umwandlung einer Kapitalart in die andere nötig ist. Die Umwandlung von ökonomischen in soziales Kapital bedarf beispielsweise einer „Verausgabung von Zeit, Aufmerksamkeit, Sorge und Mühe" (ebd.). Aus dem Blickwinkel einer rein ökonomischen Perspektive erscheinen diese Verausgabungen als pure Verschwendung, aus dem Blick einer umfassenden Perspektive können sie hingegen als Investition gelten. Beim kulturellen Kapital kann die Dauer der aufgewendeten Zeit für dessen Erwerb gelten.

48   Bourdieu 1983.

49   Coleman 1991: 393.

50   Coleman 1991: 394.

51   Duesenberg 1960: 233; zitiert nach Franzen/Freitag 2007: 8.

52   Coleman 1991: 392.

53   (1) *Verpflichtungen und Erwartungen:* Coleman versteht Verpflichtungen von Person A gegenüber Person B als eine Gutschrift an Erwartungen von B gegenüber A. Für Sozialkapital aus Verpflichtungen eines Individuums ist nicht nur die Menge der Verpflichtungen bedeutsam, die andere gegenüber ihm haben (je mehr Erwartungen er vorweisen kann, desto größer ist sein Sozialkapital) sondern auch das Maß der Vertrauenswürdigkeit, das diesem Wechselspiel von Erwartungen und Verpflichtungen zugrunde liegt: Sozialkapital kann nur dort wirksam werden, wo die Verpflichtungen auch tatsächlich eingelöst werden. Es gibt Faktoren, die dazu führen, dass Menschen nur wenig Verpflichtungen eingehen, beispielsweise geringe Hilfebedürfnisse, Zugriffsmöglichkeit auf andere Hilfeangebote, Wohlstand (Hilfe kann kommerziell erworben werden) oder auch die Hemmung, um Hilfe zu bitten. Damit stagniert das Sozialkapital der potenziellen Helfer. Menschen sind in der Regel bemüht, sich ihrer Verpflichtungen zu befreien. Es ist unter bestimmten Umständen auch möglich, Verpflichtungen eines anderen gegenüber sich selbst bewusst herbeizuführen, beispielsweise durch Geschenke. (2) Beziehungen können aber nicht nur aufgrund der Verpflichtungen, die sie auslösen, wertvoll sein, sondern auch aufgrund der *Informationen*, diese Beziehungen liefern. (3) *Normen und Sanktionen*, sofern sie tatsächlich wirksam sind, können ebenfalls eine „einflussreiche Form von sozialem Kapitel" sein (Coleman 1991: 403). Sozialkapitalrelevante Normen sind entweder internalisiert oder werden über Belohnungen für selbstloses Handeln beziehungsweise über Sanktionen ausschließlich eigennütziger Handlungen geregelt. (4) Werden *Herrschaftsbeziehungen* als soziales Kapital interpretiert, stehen übertragene Kontrollrechte über bestimmte Handlungen im Fokus. (5) Bedeutend für die Generierung von sozialem Kapital sind schließlich noch zwei Typen von Organisationen. *Zielgerichtete Organisation* lassen in der Regel nicht nur für die Organisationsmitglieder einen Nutzen entstehen, sondern strahlen in ihrer Wirkung auch auf andere, nicht Beteiligte aus. „Weil die Organisation ein öffentliches Gut erzeugt, stehen die Gewinne, die sie hervorbringt, nicht nur der Untergruppe der Initiatoren zur Verfügung, sondern auch anderen, gleichgültig, ob sie sich beteiligen oder nicht" (Coleman 1991: 407). (6) Oft kommt es zu dem Phänomen, dass Organisationen ihr ursprüngliches Ziel erreicht haben, sich aber trotzdem nicht auflö-

sen. Diese Organisationen bleiben weiterhin aktiv, wenden sich in der Regel neuen Aufgaben zu und stellen damit eine Form sozialen Kapitals dar, dass es vorher nicht gab. Coleman spricht hier von *übereignungsfähigen sozialen Organisationen*.

54 Coleman 1991: 409.

55 Auf den Aspekt des privaten *und* öffentlichen Nutzen hat bereits Hanifan hingewiesen: „Die ganze Gemeinschaft wird von der Zusammenarbeit ihrer Teile profitieren, und der Einzelne wird infolge seiner Verbindungen Vorteile wie Hilfeleistungen, Mitgefühl und den Gemeinschaftsgeist seiner Nachbarn erfahren", Hanifan 1916: 130; zitiert nach Putnam/Goss 2001: 17.

56 Coleman 1991: 412.

57 Putnam 1993: 176.

58 Hierauf deutet bereits der Untertitel von *Bowling Alone* hin: „The Collapse and Revival of American Community": „For the first two-thirds of the twentieth century a powerful tide bore Americans into ever deeper engagement in the life of their communities, but a few decades ago – silently, without warning – that tide reversed and we were overtaken by a treacherous rip current. Without at first noticing, we have been pulled apart from one another and from our communities over the last third of the century" (Putnam 2000: 27).

59 Putnam 2000.

60 Putnam 2000: 277-284.

61 Vgl. Kriesi 2007: 29-31.

62 Hier werden seine empirischen Befunde kritisiert. Putnams Interpretationen wird wenig Übertragbarkeit auf andere Länder zugebilligt; Putnam habe sich zu stark auf formalen Aspekte des Engagements und zu wenig auf informelle Beziehungen und Bewegungen konzentriert, dadurch ist aber die These eines Niedergangs des Sozialkapitals nicht haltbar. Und schließlich kann der Rückgang von Sozialkapital nicht automatisch als demokratiegefährdendes Phänomen interpretiert werden.

63 Vgl. Putnam 1993: 169.

64 Coleman 1991: 417.

65 Narayan/Cassidy 2001: 60.

66 Bourdieu 1983: 193.

67 Portes 1998.

68 Kriesi 2007: 40.

69 Putnam 2000: 350. In diesem Zusammenhang wird oft das Beispiel der Mafia angeführt: eine Organisation, die sicherlich über Sozialkapital *en masse* verfügt, aber freilich negative Auswirkungen hat. Dieses Beispiel trifft den Kern der Sache allerdings nur zum Teil. Denn die Mafia besteht natürlich als ein Netz gegenseitiger Verpflichtungen (vgl. Coleman). Allerdings ist sie auch eine hierarchische Organisation, in der *eben nicht* jeder jeden kennt und durch die man durch Beitritt sein Sozialkapital erhöhen würde. Robert Putnam führt ein anderes Beispiel an, das die negativen Auswirkungen von sozialem Kapital wesentlich besser illustriert. Im Zusammenhang mit den Bombenanschlägen in Oklahoma schrieb die New York Times über den Attentäter Timothy McVeigh in Anspielung auf Putnams Klassiker „Bowling Alone": „We all would have been better off if Tim McVeigh had gone bowling alone." Und Putnam fügt hinzu: „The network of people who formed this conspiracy was indeed social capital – it enabled Tim McVeigh to do things he could not otherwise have done. However, this was clearly an example of social capital (involving as it did, both reciprocity and trust) that was put to genuinely destructive ends. In short, it had negative externalities"; Putnam 2001: 41.

70 Schuller 2006: 56.

71 Schuller 2006: 57.

72 Ebd.

73 Die Unterscheidung geht auf Ross Gittell und Avis Vidal zurück. Da die Aspekte des *bridgings* und des *bondings* einen bedeutenden Stellenwert in Putnams Arbeiten haben – vor allem weil sie eine wichtige Weiterentwicklung Putnams darstellen, da mittels des *bondings*-Effekts die negativen Seiten des Sozialkapitals besser in den Blick genommen werden können, auf die Putnam zu Beginn seiner Forschungen nicht eingegangen ist – werden sie oft Putnam selbst zugeschrieben.

74 Granovetter 1973. Grundsätzlich wird von dem Zusammenhang zwischen starken Bindungen und der *bonding*-Dimension und schwachen Bindungen mit der *bridging*-Dimension ausgegangen. Es gibt aber Ausnahmen, beispielsweise kommen Leonard und Onyx zu dem Ergebnis, dass für die Zusammenarbeit von Freiwilligenorganisationen bei der bridging-Dimension auch starke Bindungen ausschlaggebend sind, Leonard/Onyx 2003.

75 Roßteutscher 2009: 58-59

76 Wuthnow 2002: 670.

77 Siehe hierzu auch Smidt 2003: 215.

[78] Roßteutscher 2009: 62.

[79] Franzen/Freitag 2007: 10.

[80] OECD 2004: 49.

[81] Putnam 2000: 19.

[82] Franzen/Pointner 2007: 71.

[83] Esser 2008.

[84] Franzen/Pointner 2007: 87.

[85] Freitag/Traunmüller 2008: 221.

[86] Freitag/Traunmüller 2008: 223, 243.

[87] Gabriel et al. 2002: 98. „Nach den theoretischen Vorstellungen des Sozialkapitalansatzes bedingen die strukturelle und die kulturelle Komponente einander, wenn auch die kausale Richtung offen ist bzw. zumindest teilweise in dynamischer Perspektive von einem Wirkungskreislauf ausgegangen werden kann (Westle/Kunz/Roßteutscher 2008: 103). Das statistische Material, das Westle und Gabriel ausgewertet haben, weisen „jedoch alles andere als überzeugende Nachweise einer engen Verknüpfung der beiden Dimensionen sozialen Kapitals" auf (2008: 103). Insgesamt ist eine hohe Zahl insignifikanter Zusammenhänge festzustellen. Zum Teil treten sogar „kontra-theoretisch negative Zusammenhänge" auf. „Alles in allem sind diese Befunde zu den internen Zusammenhängen der Komponenten des Sozialkapitals sehr enttäuschend. Wenn man hier von perfekten, d.h. validen, reliablen und international äquivalenten Erhebungsinstrumenten ausgehen könnte, müsste das Konzept des Sozialkapitals spätestens an dieser Stelle als widerlegt gelten" (Westle/Kunz/Roßteutscher 2008: 104-105).

[88] Vgl. Smidt 2003: 2.

[89] Pickel/Gladkirch 2011: 83.

[90] Ebd.

[91] Vgl. Smidt 2003: 216.

[92] Smidt 2003: 216-218.

[93] Sigrid Roßteutscher vermutet in diesem Zusammenhang Anreize wie „das Bedürfnis, etwas Gutes zu tun; dem Willen Gottes zu gehorchen; einen göttlichen Auftrag zu erfüllen; sich einen Platz im Himmel zu verdienen"; Roßteutscher 2009: 51. Es ist die Frage, ob es sich hier tatsächlich um Anreize handelt, oder ob es nicht einfach religiöse Motive sind wie beispielsweise Nächstenliebe, füreinander Sorge tragen oder die Übernahme von Verantwortung.

[94] Putnam 2000: 67.

[95] Putnam 2000: 67; vgl. auch Wuthnow 1991: 156; Smidt 2003: 212-213

[96] Traunmüller 2008: 20.

[97] Ebd.

[98] Ebd. So auch Roßteutscher 2009, die darauf hinweist, dass die evangelische Kirche über bessere Strukturen schaffende Maßnahmen verfügt.

[99] Roßteutscher 2009.

[100] Vgl. Roßteutscher 2009: 50.

[101] Pickel/Gladkirch 2011: 105.

[102] Pickel/Gladkirch 2011: 106.

[103] Wuthnow 2002: 671

[104] Wuthnow 2003: 204.

3 Dimensionen gemeindlichen Sozialkapitals

• **Zum methodischen Vorgehen der Untersuchung**

Die grundsätzliche Kritik, die in dem Vorwurf mündet, dass das Konzept „Sozialkapital" lediglich ein modisches Etikett sei, das ausschließlich aus Gründen der besseren Vermarktung der Forschungserkenntnisse einer Vielzahl von Untersuchungen angeheftet wird (siehe S. 11), wird hier nicht geteilt. Stattdessen wird der heuristische Nutzen des Konzepts hervorgehoben. Gerade für die „Sozialform Kirchengemeinde" können Zusammenhänge in den Blick rücken, die sich erst durch die Frage nach der Entstehung von Sozialkapital ergeben.

Wenn man nach dem Verhältnis von sozialem Kapital und Kirchengemeinden fragt, kann man drei Perspektiven einnehmen:

(1) Man kann das Sozialkapital der einzelnen Individuen erheben und dann danach fragen, inwiefern Kirchengemeinden für den Einzelnen zu seinem Sozialkapital beitragen. Eine Kirchengemeinde ist dann ein Mosaikstück im Beziehungskapital des Einzelnen. Dies entspricht dem Sozialkapitalbegriff von Pierre Bourdieu.

(2) Will man hingegen nicht das Beziehungskapital Einzelner, sondern das Systemkapital eines Kollektivs betrachten, nutzt man Robert Putnams Sozialkapitalverständnis. Entsprechend kann man auch Sozialkapital von Kirchengemeinden darstellen. Natürlich hat man dann bei Kirchengemeinden das Problem der Abgrenzung: Wer trägt zum Sozialkapital der Kirchengemeinde bei? Jedes Kirchenmitglied oder nur diejenigen, die auch am gemeindlichen Leben teilnehmen?

(3) Schließlich kann man noch eine ganz andere Perspektive einnehmen und die Kirchengemeinden als einen Akteur begreifen, der selbst über Sozialkapital verfügt. Dann geht es nicht mehr um das Sozialkapital der Einzelnen, ob nun individuell ausgewiesen oder aggregiert als kollektives Kapital, sondern es geht darum, wie Kirchengemeinden vernetzt sind – sowohl in ihren inneren als auch in ihren äußeren Bezügen – und welche kooperationsfördernden Werte und Normen sie ausbilden und leben. Um diese Perspektive soll es nun im Weiteren gehen.

Wenn man in diesem Sinne das gemeindliche Sozialkapital in den Blick nimmt, so geht es zum einen um die gemeindlichen Kontakte, Beziehungen und Netzwerke – immer mit der Frage im Hinterkopf, wie sich diese Netze bilden, wie sie funktionieren, wie man hineinkommt und was dort geschieht – und zum anderen um die Werte, die in Kirchengemeinden gelebt werden, die kooperatives und gemeinsames Handeln aufrechterhalten, fördern und pflegen. Daher ist es auch weniger von Bedeutung, wie „hoch" oder „niedrig" das durch Kirchengemeinden entstandene Sozialkapital ist, sondern es geht um die Frage, inwiefern Kirchengemeinden einen strukturellen und kulturellen Nährboden für die Kernbestandteile sozialen Kapitals darstellen.

Dazu wurden zunächst 14 leitfadengestützte Experteninterviews durchgeführt, um zu überprüfen, welche Aspekte aus der doch recht breiten Sozialkapitaldebatte Erkenntnisse versprechen, die für Kirchengemeinden fruchtbar sind. Die Gespräche dienten neben der Strukturierung des Themas auch dazu, die Fokusgruppen-Diskussionen vorzubereiten. Konkret ging es darum, eine sinnvolle Auswahl an Gesprächsimpulsen zu treffen. Die leitfadengestützten Experteninterviews wurden mit folgenden Personen durchgeführt:

[1] Diakon in der armutsorientierten Gemeindearbeit
[2] Diakonin in der gemeinwesenorientierten Gemeindearbeit
[3] Pfarrerin mit Schwerpunkt „Gastfreundliche Gemeindekonzeption"
[4] Sozialarbeiter in einem diakonischen Unternehmen mit Projekttätigkeit in der Vernetzung von Kirchengemeinden und diakonischen Einrichtungen
[5] Pfarrer mit Dienstauftrag zur Leitung einer Wiedereintrittsstelle
[6] Sozialarbeiter als Referent für Gemeindeberatung eines Kirchenkreises
[7] Pfarrerin als landeskirchliche Referentin für Gemeindeberatung
[8] Referent für missionarischen Gemeindeaufbau
[9] Pfarrer mit Dienstauftrag für Presbyter/innen-Fortbildungen
[10] Pfarrer mit Dienstauftrag im Sozialpfarramt
[11] Ehrenamtliche Prädikantin und Mitarbeiterin in einer Kulturkirche
[12] Ehrenamtliche Mitarbeiterin in verschiedenen Jugendprojekten
[13] Küster einer Innenstadtkirche
[14] Pfarrer in einer Kulturkirche

Die Entwicklung der Leitfäden entstand iterativ, das heißt nach jeder Durchführung wurde das Gespräch ausgewertet und der Leitfaden gegebenenfalls um neue Fragen ergänzt beziehungsweise an anderer Stelle gestrafft. Bei der strukturellen Sozialkapital-Dimension geht es um Mitgliedschaft und Aktivität in sozialen Netzen, bei der kulturellen Sozialkapital-Dimension um die zugrunde liegenden Werte und Normen, die Mitgliedschaft und Aktivität sinnvoll erscheinen lassen und aufrecht erhalten. Konkret standen folgende Fragen im Mittelpunkt:

- Art und Charakter eines gemeindlichen „Netzwerkes" (Kontaktnetzwerk, Unterstützungsnetzwerk, Geselligkeitsnetzwerk etc.)
- Zugangsmöglichkeiten ins gemeindliche „Netzwerk"
- Art und Weise des Austausches und der Interaktionen in diesen Netzen
- Bindende und brückenbildende Effekte durch Kirchengemeinden
- Zivilgesellschaftliche Bedeutung von Kirchengemeinden

In den Fokusgruppen-Diskussionen sollten nicht mehr als vier, maximal fünf Gesprächsanregungen gegeben werden, um die Diskussionen nicht zu überfrachten. Es ging nicht darum Fakten abzufragen (die insofern wenig relevant sind, da sie immer nur die jeweilige Situation der Teilnehmenden widerspiegeln und wenig übertragbar sein würden), sondern darum, wesentliche Grundaussagen zu den Sozialkapitalindikatoren Netzwerke und Kontakte, kooperationsfördernde Werte und zivilgesellschaftliche Bedeutung der Gemeinden zu erhalten.

Es wurden fünf Fokusgruppen-Diskussionen durchgeführt:

- Gemeindemitglieder – Kleinstadt (6 Personen aus 2 verschiedenen Gemeinden)
- Gemeindemitglieder – Mittelstadt (7 Personen aus 4 verschiedenen Gemeinden)
- Gemeindemitglieder – Großstadt (4 Personen aus 3 verschiedenen Gemeinden)
- Hauptamtliche – Jugendarbeit (4 Personen)
- Hauptamtliche – Gemeindeberatung (8 Personen)

Bei den drei Fokusgruppen mit den Gemeinde-mitgliedern handelte es sich um künstliche Grup-pen. Das bedeutet, dass die Zusammensetzung der Teilnehmenden keine bereits bestehende Grup-pe darstellt. Denn ansonsten lag die Gefahr na-he, dass die Situation der jeweiligen Gemeinde zu stark in den Vordergrund tritt und die Diskussion dadurch schnell einen „anekdotischen Charakter" bekommen kann. Die hauptamtlichen Mitarbeiten-den kannten sich jeweils untereinander und be-suchen gemeinsame Supervisionsangebote, kom-men jedoch aus unterschiedlichen Arbeitsstellen.

Impulse zur Diskussionsanregung für die Fokus-gruppen:

Zur zivilgesellschaftlichen Bedeutung von Kirchengemeinden:

„Was ist Ihrer Meinung nach die zivilgesell-schaftliche Bedeutung einer Kirchengemein-de?" [evtl. erklärender Nachsatz: „Mir geht es jetzt nicht um die Bedeutung von Religion oder von Kirche im Allgemeinen, sondern um den konkreten Nutzen, den Gemeinden für die Zi-vilgesellschaft haben."]

„Was würde fehlen, wenn es Kirchengemein-den nicht geben würde?" [evtl. erklärender Nachsatz: „Stellen Sie sich vor, Sie könnten Ih-ren christlichen Glauben in kleinen Gruppen – zum Beispiel in Hauskreisen – leben, aber so etwas wie eine Kirchengemeinde gäbe es nicht. Würde Ihnen dann etwas fehlen? Was genau wäre dies?"]

Zu den Gemeinwesenbezügen:

„Wie erleben Sie den Bezug von Kirchenge-meinden zu ihrem Umfeld, zum Stadtteil oder Dorf?" [evtl. ergänzender Nachsatz: „Haben Sie Beispiele dafür, ob Kirchengemeinden eher ein-gebunden und verwoben sind mit dem Umfeld,

oder ob sie eher so etwas wie eine Insel im Ge-meinwesen darstellen?"]

Zu kooperationsfördernden Werten in Kir-chengemeinden:

„Welche gelebten Werte machen eine Kirchen-gemeinde aus?" [evtl. erklärender Nachsatz: „Gibt es eine bestimmte Kultur der Zusammen-arbeit in der Gemeinde? Wie sieht sie konkret aus? Gibt es bestimmte Normen und Werte, wie man sich in der Kirchengemeinde verhal-ten muss – oder umgekehrt: wie man sich dort gerade nicht verhalten sollte?"]

„Was hält Ihrer Meinung nach eine Kirchenge-meinde zusammen, was hält sie am Laufen?"

Zur Art der gemeindlichen „Netzwerke":

„Wie kommt man in eine Gemeinde hinein? Wie gelingt der Zugang? Was erleichtert oder er-schwert dies?"

„Manche Menschen suchen in Kirchengemein-den Kontakte und Gemeinschaft. Manche su-chen eher ein gutes thematisches Programm. Wie ist erleben Sie das?"

„Was unterscheidet eine Kirchengemeinde ei-gentlich von irgendeinem anderen Verein?"

Abschlussfrage:

„Stellen Sie sich vor, Sie müssten jemandem erklären, was eine Kirchengemeinde ist. Haben Sie ein konkretes Bild oder eine Metapher, die dies anschaulich macht?"

● **Kirchengemeinden zwischen
Kontaktnetzwerk und Gemeinschaft**

Der Frage nach dem Sozialkapital der Kirchengemeinde kann man sich nähern, wenn man die Erwartungen der Menschen in den Blick nimmt, die
sich einer Gemeinde zugehörig fühlen. Was erwarten diese Menschen diesbezüglich von einer Gemeinde?

Kontakte, Begegnungsmöglichkeiten, Small Talk
und Austausch scheinen dem einen oder anderen bereits völlig zu genügen. „Ich erwarte von
einer Kirchengemeinde eigentlich gar nicht so
viel, außer Kontaktmöglichkeiten", formulierte ein
Gesprächspartner. [105] Dies entspricht dem, was der
Sozialkapitalforscher Robert Wuthnow als „loose
connections" beschreibt. [106] Können diese „loose
connections" gerade in Kirchengemeinden gefunden werden?

> „Ich will Austausch. Ich treffe dort nette Menschen.
> Ich will keinen inhaltlichen Austausch, dazu habe
> ich andere Kontakte, hauptsächlich beruflich. Mir
> stehen ja noch ganz andere Netze zur Verfügung.
> Ich will daher gar nicht so viel von der Kirchen-
> gemeinde. Viele Angebote, die Kirchengemeinden
> bieten, zum Beispiel Meditation, könnte ich auch
> woanders als berufliche Fortbildung machen. Kir-
> chengemeinde könnte ein Korrektiv zu meinen be-
> ruflichen Netzen sein, aber auch das wäre glaube
> ich schon übertrieben. Ich will da einfach ein paar
> nette Leute treffen. Darf ich das so sagen?" [107]

Das Besondere einer Kirchengemeinde ist die Verbindung von Kontaktmöglichkeiten und Ortsbezug.
Die Kirchengemeinde ist ein wichtiges Netzwerk,
wenn es um Kontakte vor Ort geht. Das, was eine Kirchengemeinde ausmacht, läge damit weniger
in deren Angebotsportfolio sondern vor allem im
Ortsbezug – oder noch genauer: im Stadtteil- oder
Dorfbezug. Eine Gemeinde bietet Kontakte „vor der

Haustür". Die Angebote der Kirchengemeinde spielen diesbezüglich eine untergeordnete Rolle.

> „Ich wollte Leute kennenlernen, mit Leuten in Kon-
> takt kommen. Über das Studium hatte ich genügend
> Kontakte, das war also zu der Zeit gesättigt. Aber
> ich hatte keine Kontakte am Ort." [108]

Neben diesen losen Kontakten gibt es natürlich
auch den Wunsch nach intensiverer sozialer Eingebundenheit. Formuliert wird dies als Wunsch nach
Gemeinschaft. Nun ist der Begriff Gemeinschaft oft
sehnsuchtsbesetzt, es ist also wichtig, die Konnotation zu klären, mit der er gebraucht wird. Gemeinschaft steht in den Gruppendiskussionen unmittelbar im Zusammenhang mit Wohlfühlen und
sich zugehörig fühlen. Der Begriff taucht hingegen
kaum in Verbindung mit gemeinschaftlichen Werten
auf, wie etwa Halt und Trost, füreinander Einstehen
oder ein besonderer gemeinschaftlicher Umgang
miteinander [109]. „Gemeinschaft" markiert also eher
eine höhere Verbundenheit mit dem gemeindlichen
Leben als eine besondere Qualität der Beziehung
(die natürlich nicht ausgeschlossen ist).

Es scheint also Kontakt- und Gemeinschafts-
Erwartungen zu geben: zum einen die Erwartung,
dort Menschen zu treffen und kennenzulernen, zum
anderen die Erwartung, sich zugehörig zu fühlen.
Gemeinden können daher sowohl als *Kontaktnetz-
werke* wie auch als *Gemeinschaft* interpretiert werden. Bezogen auf das soziale Kapital sind beide Dimensionen von Bedeutung.

Um Kontakt- oder Gemeinschaftserwartungen erfüllen zu können, bieten Kirchengemeinden eine
wesentliche Voraussetzung: Begegnungsmöglichkeiten. Diese lassen sich nicht mit einer Angebots-
oder Nachfragelogik beschreiben. Der Wert von
Kirchengemeinden besteht dementsprechend ganz
wesentlich aus Begegnungen und den Gelegenheiten und Möglichkeiten dazu. Gemeinden wären
dann vor allem „Gelegenheitsveranstalter" und weniger „Angebotsveranstalter".

Der Wunsch nach Kontakt und Begegnung zeigt sich auch aufseiten der Gemeindeleitung. In der Organisation des Gemeindelebens ist es vielfach ein bewusstes Anliegen, auch in kleinen Dingen Begegnung möglich zu machen. Ein Pfarrer bringt diesbezüglich folgendes Beispiel an:

„Wir gehen davon weg, alles ehrenamtlich zu machen. Ehrenamtliches Engagement ist eine wichtige Ressource, gerade deshalb muss ich darauf achten, dass ich sie nicht verschleiße. Ich lasse nicht einfach etwas ehrenamtlich machen, weil damit die Kirchengemeinde Geld spart, das kann nicht das Kriterium sein. Kriterium ist immer: Entstehen dadurch Kontaktmöglichkeiten? Wir lassen zum Beispiel neuerdings das Podest, das wir für die Veranstaltung in der Kirche brauchen, von einer professionellen Firma aufbauen. Das kostet ein paar hundert Euro. Aber der Ehrenamtliche, der das sonst machen würde, würde einfach das Podest aufbauen, ohne dass da irgendetwas Weiteres passiert wäre. Das spricht an dieser Stelle gegen die Ressource Ehrenamt. Der soll lieber etwas anderes machen."[110]

Der Sozialkapitalforscher Nan Lin, der besonders den Netzwerkcharakter sozialen Kapitals untersucht hat, versteht Sozialkapital als Investition in soziale Beziehungen, um Zugang zu Netzwerken zu erlangen, in denen die innewohnenden Ressourcen genutzt werden können. Lin fragt dabei in seinem netzwerktheoretischen Sozialkapital-Konzept nach dem „Return", den Netzwerk-Mitglieder erhalten, und unterscheidet die „instrumental returns" und „expressive returns" von Netzwerken. Bei ersterem geht es darum, etwas zu bekommen, von materiellen Aspekten bis hin zu sozialen wie zum Beispiel Reputation; bei letzterem um die Möglichkeiten, sich ausdrücken und darstellen zu können. Bezogen auf die Entstehung von Sozialkapital in Kirchengemeinden bietet diese Unterscheidung die Möglichkeit zu präzisieren, was die Menschen in einer Kirchengemeinde suchen: den Wunsch, etwas (zurück) zu bekommen oder den Wunsch, sich einzubringen, um sich darstellen und ausdrücken zu können.

Warum beteiligt man sich also in Kirchengemeinden? Aus den geführten Gesprächen lässt sich ableiten, dass es vor allem darum geht, selbst vorzukommen. Man beteiligt sich anscheinend weniger in Kirchengemeinden, um etwas zu bekommen, sondern um dabei sein zu können. Und oft bedeutet dies, sich einzubringen, sich darzustellen. Besonders deutlich zeigt sich dies beim Chorsingen: Man verleiht seinem Glauben Ausdruck, in dem man singt, man stellt sich dar, sowohl innerhalb der Chorgemeinschaft als auch vor der Gemeinde.

Eine Teilnehmerin einer Gruppendiskussion berichtet über ihren Wunsch, vorkommen zu können:

„Es gibt Veranstaltungen, da komme ich nur mit meiner Lust an der Veranstaltung vor. Und sonst kann ich für mich sagen, zu 90 Prozent der Fälle komme ich einfach gerne drin vor. Und dann ist es mir egal, ob da fünf oder fünfzig Leute sind. Ich habe eine ganze Weile so einen kleinen Gottesdienst, also so eine kleine Gottesdienstform besucht. Das war eine Abendveranstaltung mit Tischabendmahl. Und ein Zugang dazu war dann, dass ich zu Beginn in so einem kleinen Eingangsgespräch, in einem Dreiergespräch mit den beiden Leuten, die um mich herum saßen, selbst vorkam. Und das war für mich der Schlüssel zu sagen: och, das war ja nett, da komme ich das nächste Mal auch wieder. Das ist für mich der Modus: Wie sehr geht's da auch um mich? Irgendwie so eine Kleinigkeit muss schon dabei sein."[111]

Zwei besondere Arten und Weisen des „Vorkommens" in Kirchengemeinden sind dabei zu berücksichtigen, eine extrovertierte und eine eher introvertierte. Bei der ersten Variante geht es nicht nur um ein einfaches „Vorkommen" in der Gemeinde, sondern darum, sich selbst darstellen zu können. Die Gemeinde ist die Bühne:

„Mir fällt auf, dass die Kirche die einzige Einrichtung ist, in der wirklich jeder tatsächlich einen Platz finden kann und keiner raus geschmissen wird. Ich denke jetzt also gar nicht mal nur an die Leute, die sozial am unteren Rand leben, sondern erlebe eben tatsächlich auch Selbstdarsteller, zum Beispiel. Ich sag es mal so deutlich. Also in jedem Verein würde man mit so einem Verhalten raus geschmissen werden und in der Kirchengemeinde ist man im Gemeindekirchenrat. [Lachen] Also ich will bei allem durchleuchtenden Zynismus sagen, da ist auch was ernst zu nehmendes dran. Also wo sonst können Leute sich so einbringen, wie sie es bei der Kirche tun? Mit allen ihren Stärken, mit allen ihren Schwächen. Und so ein Gemeindekirchenrat hält das dann ja bis zum Auseinanderfallen aus." [112]

Ein wichtiger Aspekt bei der Bildung von sozialem Kapital ist die Frage, wie wichtig die Anzahl der anzutreffenden und beteiligten Menschen spielt. Oft werden Kirchengemeinden dann als attraktiv wahrgenommen, wenn sie einen großen Mitarbeiterstamm haben.

"Es ist für viele schon wichtig, dass das eine *große* Gemeinschaft ist, bei der man mitmachen kann. Wir erreichen alleine deshalb viele, weil wir einen großen Mitarbeiterstamm haben. Und damit machen wir auch immer Werbung für die Mitarbeiterfortbildung. Wir fahren da mit mehr als hundert Leuten hin." [113]

Es ist leichter, Angebote zu besuchen, zu denen viele hingehen, als welche, wo nur wenige anwesend sind – die Hemmschwelle ist niedriger. Außerdem führt die Anwesenheit Vieler zu einer größeren Wahrscheinlichkeit, dass man dort jemanden kennt. Die „Masse" – so die Formulierung in einer Gruppendiskussion – fördert die Kontaktmöglichkeiten. Und gleichzeitig bietet sie eben auch die Möglichkeit, anonym bleiben zu können:

"Ich finde auch Massen schon super. Man kann wunderbar eintauchen in die Masse. Das trägt einen auch. Und dafür ist manchmal auch eine gewisse Anonymität ganz passend." [114]

Fast durchgängig werden in den Gesprächen Veranstaltungen mit geringer Teilnehmerzahl als unangenehm bewertet. Ab einem gewissen Punkt – der freilich individuell sehr unterschiedlich ausfällt – ist eine Peinlichkeitsgrenze erreicht, die Teilnahme verhindert.

"Aber ich will nicht, dass da keiner ist, dass da zu wenige sind und ich das Gefühl habe, von allen angeguckt zu werden. Ich möchte ungern beteiligt werden, wenn ich es nicht möchte. Und da finde ich es besser, wenn da viele Leute sind." [115]

Interessant ist, dass die Beteiligung vieler Menschen oft als Erfolgskriterium gewertet wird – mit einer Ausnahme: dem Gottesdienstbesuch! Allerdings wird umgekehrt aus einer geringen Teilnehmerzahl nicht zwingend Misserfolg abgeleitet. Dies löst zwar Unbehagen oder Enttäuschung aus, wird aber regelmäßig – im wahrsten Sinne des Wortes gebetsmühlenartig – mit dem Hinweis auf das Bibelwort „Wo zwei oder drei in meinem Namen versammelt sind, da bin ich mitten unter ihnen" (Mt. 18, 20) theologisch legitimiert. Diese Formulierung scheint eine beachtliche Wirkmächtigkeit im Gemeindeleben zu haben. Sie tauchte in den Gesprächen immer wieder auf, um zu betonen, dass kleine Kreise oder das Zusammentreffen von Wenigen nicht zugunsten anderer Formate, Angebote oder Sozialformen aufgegeben werden dürften – selbst wenn die Alternativen als attraktiver und nachhaltiger angesehen werden. „Wo zwei oder drei in meinem Namen versammelt sind . . ." ist ein den Status quo bewahrendes, konservierendes Bild im Gemeindeleben und in der Gemeindeleitung.

- **Die öffentliche Dimension der Kirchengemeinden**

Eine Kirchengemeinde wird schnell als geschlossenes System, als eingeschworener Club wahrgenommen. Doch gerade hier ist eine Differenzierung unerlässlich, denn der Club-Charakter bezieht sich hauptsächlich auf die gemeindlichen Gruppen und Kreise – und damit bei Weitem nicht auf das gesamte gemeindliche Leben.

Wenn man die ganze Breite an Angeboten und Formaten einer Kirchengemeinde unter dem Aspekt ihrer öffentlichen Dimension anschaut, lassen sich mindestens drei Formen unterscheiden. Zu den *öffentlichen* Formen zählen allen voran der Gottesdienst, zahlreiche Einzelveranstaltungen und kirchenmusikalische Angebote, aber auch Gemeindefeste. Daneben gibt es quasi *halböffentliche* Formate, damit sind Formate gemeint, die zwar einen öffentlichen Charakter haben – keinem wird grundsätzlich die Teilnahme verwehrt –, aber es bedarf trotzdem bestimmter Voraussetzungen: Jeder kann am Konfirmandenunterricht teilnehmen – aber natürlich nur, wenn man im entsprechenden Alter ist; jeder kann beim Kirchenchor mitwirken, aber nur, wenn man auch singen kann, und so weiter und so fort. Und schließlich gibt es Gruppen und Kreise, die aufgrund ihrer Entstehung, Struktur und Zusammensetzung als mehr oder weniger *geschlossen* gelten können.

Die Einteilung in diese drei Formats-Typen nach dem Grade ihrer Öffentlichkeit mag ein recht grober Zuschnitt sein, ist aber hilfreich, um die Vielfalt gemeindlicher Sozialformen wahrzunehmen. Denn schnell geschieht es, dass manche als „Clubs" bezeichneten Gruppen und Kreise als die zentrale Gestalt von Kirchengemeinden verstanden werden. Dies stimmt eben nicht, die öffentlichen und halb-öffentlichen Formen sind für Kirchengemeinden ebenso typisch, sie reichen zudem bis weit in die Zivilgesellschaft hinein.

Auf die Frage hin, was denn eine Kirchengemeinde eigentlich ausmache, worin ihr Wert bestehe und was fehlen würde, wenn es Kirchengemeinden nicht mehr geben würde, zeigte sich eine ausgesprochen deutliche Tendenz in der Wertschätzung der öffentlichen Dimension des Gemeindelebens.

Alles, was eine Schnittstelle zur Öffentlichkeit herstellt, wird deutlich als positiv interpretiert. Die für ein Gemeinschaftsgefühl sicherlich nicht unwichtigen Gruppen und Kreise scheinen oft nicht gut gelitten zu sein. In den geführten Gesprächen wurde immer wieder deutliche Kritik an diesen geschlossenen Formaten in Kirchengemeinden formuliert.

> „Das sind geschlossene Kreise, in der Regel, so wie ich das wahrnehme. Sie nutzen die Plattform der Kirchengemeinde, sie nutzen die kirchlichen Räume, und unter Umständen auch mal die Pfarrerin oder den Pfarrer für einen Impuls, Adventsandacht, was weiß ich. Also diese Verbindung gibt es schon. Die Gruppen selbst sind nicht immer unproblematisch, ne." [116]

Irgendwie gehören sie zur Kirchengemeinde dazu, aber gleichzeitig schämt man sich auch ihrer. Die Menschen in diesen Gruppen sind oft diejenigen, die das Gemeindeleben am Laufen halten, man wird kaum auf sie verzichten können, aber trotzdem werden diese Kreise oft als Hemmnis im Gemeindeleben beschrieben.

Ein Gesprächspartner ging so weit, infrage zu stellen, ob solche „geschlossenen Kreise" überhaupt als Gemeinde bezeichnet werden können:

> „Ich selbst gehe zu keinen kirchlichen Angeboten. Für Männer gibt es eigentlich gar nichts. Ich persönlich brauche keine klassischen kirchlichen Angebote. Das sind alles sehr geschlossene Veranstaltungen. Das sind Grüppchen, die sich irgendwann mal gefunden haben, seit zehn Jahren meditativen Tanz machen oder so was, und weil's im Gemeindehaus stattfindet, schreibt man es halt als kirchliches Angebot in den Gemeindebrief. Aber das sind im Grunde alles keine wirklichen Gemeindeangebote." [117]

Dies fordert natürlich dazu heraus, über das Verständnis von Gemeinde nachzudenken. Eine Teilnehmerin einer Gruppendiskussion berichtete von einer Gemeinde, der sie sich eine Zeit lang zugehörig fühlte, die über keinerlei Gruppen und Kreise verfügte. Gemeinde wird dort ausschließlich als Gottesdienstgemeinde verstanden.

> „Ich kenne da eine Gemeinde in [Name des Stadtteils], da habe ich das mal ganz anders erlebt. Die hatten keine Angebote, die machen keine Gruppen. Die Pastoren sind davon überzeugt, meine Aufgabe ist hier lediglich der Gottesdienst und die Kasualien, mehr mache ich hier nicht. Dafür haben die sonntags einen Gottesdienst, der zunehmend gut besucht ist, also es steigert sich. Weil die keine Gruppen haben, haben die auch so was wie Kernbildung nicht, also Kerngemeindebildung nicht. Das habe ich erst vermisst und ich fand das total komisch, weil für mich die Gemeinde auch immer etwas mit einer In-Group zu tun hat. Aber der Vorteil ist, dass diese Gemeinde immer wieder als sehr offene Gemeinde erlebt wird, immer wieder als sehr wertschätzend erlebt und immer wieder auch mit so einem Schwung und Pep irgendwie. Und dann auch so die Qualität im Gottesdienst. Also das ist schon was, irgendwie."[118]

Dies leitet über zu einem weiteren zentralen Punkt: In den Interviews zeigte sich eine besondere Bedeutung, die dem Gottesdienst beigemessen wird. Eine wichtige Beobachtung ist, dass der Gottesdienst – vielleicht entgegen der gängigen Annahme – zu den eher *nieder*schwelligen kirchlichen Angeboten zählt. Ab den 1960er, 1970er Jahren ist der Gottesdienst in den Ruf geraten, zu hochschwellig zu sein – und mit ihm oft auch alles, was im Kirchengebäude stattfindet. Die niederschwelligen Angebote seien die, die im Gemeindehaus stattfinden, dort sei jeder willkommen, der Gottesdienst sei jedoch äußerst voraussetzungsreich.[119] Genau diese Sichtweise scheint aber nicht mehr angemessen zu sein: Mittlerweile wird das Gemeindehaus als hochschwelliger Ort erlebt und man entdeckt, dass gerade der Gottesdienst ein Format ist, das eine recht unkomplizierte Teilnahme erlaubt. Denn gerade beim Gottesdienst ist ein „Kommen

und Gehen" möglich, wie bei kaum einem anderen Angebot.

> „Es gibt Leute, die tauchen auf einmal im Gottesdienst auf. Die sieht man dann eine Zeit lang öfter. Sie kommen vielleicht nicht jedes Mal und auch nicht regelmäßig, aber über so eine bestimmte Zeit kommen sie immer wieder. Und dann auf einmal sind sie weg, kommen nicht mehr. So plötzlich, wie sie gekommen sind, sind sie plötzlich dann auch wieder weg".[120]

Der Gottesdienstbesucher kann gerade im und durch die Gottesdienstteilnahme seine gemeinschaftliche Bezogenheit regulieren: sowohl über die frei wählbare Frequenz des Gottesdienstbesuchs als auch darüber, wie die eigene körperliche Präsenz im Raum gestaltet wird. Dies geschieht schon allein durch die Platzwahl. Man kann sich unmittelbar und direkt auf die anderen Gottesdienstbesucher beziehen und einlassen, oder sich möglichst am Rand halten.

Dem Gottesdienst wird eine soziale Qualität zugesprochen. Das mag verwundern, da es sich auf den ersten Blick um eine Frontalveranstaltung mit Stillsitzen handelt. Für die soziale Dimension des Gottesdienstes spricht, dass persönliche Bekanntschaft wie überpersönliches Zusammengehörigkeitsgefühl von Bedeutung sind: vom Wunsch, Bekannte zu treffen oder gesehen zu werden bis hin zur symbolischen Verbundenheit mit der Gemeinschaft der Gläubigen. Es kann von Bedeutung sein, sich als Teil der Gemeinschaft der Gläubigen zu verstehen, ganz unabhängig von den konkret Anwesenden. Das schließt auch ein, in Gemeinschaft allein sein zu können: „Manchmal gehe ich gern in die Kirche, schlage den Kragen hoch und möchte gar nicht angesprochen werden."[121]

In den geführten Gesprächen gibt es weitere Hinweise auf die Bedeutung der öffentlichen Dimension von Kirchengemeinden. Als erstes zählen hierzu gottesdienstliche Veranstaltungen, die in den öffentlichen Raum verlagert werden. Mehrfach wurde auf die Bedeutung von Tauffesten hingewiesen. Erstaunt waren dabei mehrere Gesprächspartner über den Erfolg – gemessen an der Nachfrage – solch groß angelegter und im öffentlichen Raum durchgeführter Kasualgottesdienste. Ein anderes Beispiel war ein Open-Air-Krippenspiel:

> „Mir fallen da schon Beispiele ein, an denen man erkennen kann, was die Menschen anrührt, die eher Zaungäste abseits vom üblichen Sonntagsgeschehen sind. Also, alle Veranstaltungen, die einen Begegnungscharakter haben und die die Gemeinschaft pflegen, die einladend sind und die niedrigschwellig sind, die führen bei uns im dörflichen Raum zu großer Resonanz, also zu richtig großer Resonanz. Also, das Open-Air-Krippenspiel vor der Kirche an Heilig Abend, also da kommen inzwischen auch Familien von außerhalb des Dorfes, ne, weil die das klasse finden, ne. Dann Veranstaltungen, ja Sing-Gottesdienst, anschließend mit Glühweintrinken vor der Kirche in der Adventszeit oder der Osternachtgottesdienst." [122]

Diese Gottesdienste bieten die Möglichkeit, dabei sein zu können, ohne sich einer zu großen Intimität auszusetzen. Gerade bei den Tauffesten liegt dies nahe, da die Tauffamilie in einem herkömmlichen Gottesdienst quasi „auf der Bühne" steht, sich also unweigerlich den Blicken der Gemeinde aussetzen muss. Dies wird gerade von Familien, die nicht einem normativ-kirchlichen Familienbild entsprechen, als äußerst unangenehm bewertet.

Zweitens wurden kleinere oder größere Aktionen der Gemeinden in der Nachbarschaft immer wieder als äußerst positiv bewertet. Auch hieraus lässt sich die öffentliche Dimension der Kirchengemeinde ableiten. Die Bewertung der unterschiedlichen Kasualien kann hierfür auch ein Indiz sein. Hochzeit und Taufe – wenn nicht wie gerade dargestellt in der Form einer groß angelegten Taufaktion durchgeführt – werden in der Regel als private Familienfeiern verstanden. Beerdigung und Kon-

firmation hingegen haben oft den Charakter von „Nachbarschaftsereignissen".

> „Bei uns in der Straße sind in den letzten Jahren viele gestorben. Da trifft man sich dann immer wieder. Mit jeder Beerdigung kriegst du einen dickeren Fuß in die Kirchengemeinde rein." [123]

> „Wenn dann beerdigt wird, kommen auch alle, also dann sind sie auch alle da." [124]

Neben diesen beiden Kasualien gibt es weitere „Nachbarschaftsereignisse", die von der Kirchengemeinde angeboten werden, beispielsweise Laternenumzüge und Aktionen wie ein „lebendiger Adventskalender", oder auch die sich mittlerweile stark ausbreitenden Frühstückstreffs.

Ein dritter Aspekt, der auf die Bedeutung der öffentlichen Dimension von Kirchengemeinden hinweist, liegt in einer sich anscheinend wandelnden Aufgabe der Kirche als wichtige Seelsorge-Institution. Seelsorge wird grundsätzlich als eine zentrale Aufgabe der Kirche betont, meist von Pfarrerinnen und Pfarrern, die damit auf ihre von den Gemeindegliedern nicht wahrnehmbaren Aufgaben hinweisen. Doch für die Bearbeitung seelsorgerlicher Anliegen gibt es mittlerweile ein breites Spektrum anderer Berufsgruppen, denen oft auch eine höhere Kompetenz diesbezüglich zugesprochen wird. Die Auswertung der durchgeführten Gespräche legt nahe, dass es vor allem einen Wunsch nach einer „kollektiven Seelsorge" gibt, die besondere Begebenheiten vor Ort öffentlich aufgreift und begleitet. Es wäre interessant, der Frage nachzugehen, ob sich die Aufgabe von Kirche von der individuellen Seelsorge zu einer kollektiven Lebensbegleitung bei konkreten Krisen, Not und Unglück vor Ort verschiebt.

- **Die Verwobenheit mit dem Gemeinwesen**

Beziehungen zu anderen Akteuren zu pflegen, wird als ausgesprochen wichtig bewertet, oft im Zusammenhang mit der Betonung „relevant sein zu wollen". Der Pretest des SI-Gemeindepanels zeigt, wie ausgeprägt die institutionellen Kontakte ins lokale Umfeld sind: Dreiviertel der Gemeinden pflegen Kontakte zur Kommune, zwei Drittel haben Kontakte zu allgemeinbildenden Schulen und gut die Hälfte der Kirchengemeinden unterhält häufige oder gelegentliche Kontakte zu einer nicht-kirchlichen Alteneinrichtung. Auch mit Kitas in nicht-kirchlicher Trägerschaft, mit katholischen Kirchengemeinden und zu Vereinen vor Ort pflegen Kirchengemeinden vielfältige Beziehungen. Interessant ist zudem, dass Kirchengemeinden mit Kontakten zu anderen zivilgesellschaftlichen Akteuren mehr Ehrenamtliche haben als Kirchengemeinden ohne diese Kontakte. [125]

Die Gemeindemitglieder haben Kontakte in die unterschiedlichsten gesellschaftlichen Bereiche hinein. Die Frage ist nur, ob dies erkannt und inwiefern dies genutzt wird. In den Diskussionen und Gesprächen zeigte sich sehr deutlich, dass den Kirchengemeinden das Ausmaß ihrer institutionellen Beziehungen und informellen Kontakte oft weniger bewusst ist, als es faktisch zu sein scheint. Erst bei einer bewussten Reflexion kommt in den Blick, wie reich manche Gemeinden diesbezüglich sind.

> „Vielleicht liege ich völlig falsch, aber mein Eindruck ist, dass Kirchengemeinden sich oftmals überhaupt nicht im Klaren sind, wie vernetzt sie sind. Also mein Gefühl ist, dass viele Kirchenräte in einem Zustand leben, über den sie sich überhaupt nicht reflektiert Gedanken gemacht haben: wie gut oder stark sie vernetzt sind. Ich erlebe das manchmal in den Beratungen, wenn es irgendwo knackt, und ich dann frage: Wo gibt es jemanden, der Ihnen da behilflich sein könnte?, dann fallen denen ganz viele Sachen und Leute ein, aber das hätte ihnen auch ohne mich einfallen können. Weil das Nachbarn sind – oder irgendwelche Leute, die fünf Straßen weiter wohnen oder zwei Dörfer weiter. So ist das. Da denke ich mir so, die könnten wahrscheinlich noch viel mehr raus holen aus ihrer Vernetzung,

wenn es ihnen bewusst wäre. Aber das ist jetzt wirklich nur so ein Gefühl, ich weiß nicht, wie die anderen das hier sehen. Also ich meine, es sind zwei Dinge: Es gibt eine starke Vernetzung. Und es ist vielen wirklich gar nicht klar, dass sie so vernetzt sind". [126]

Die Kooperationen und Kontakte entstehen dabei anscheinend vor allem durch das Engagement einzelner Gemeindeglieder und weniger aufgrund von Gemeindekonzeptionen. Interessant ist auch der Hinweis, dass besonders „Not" zur Vernetzung führt: Umso größer diese Not ist, desto stärker ist die Notwendigkeit, Partner zu suchen und deren Ressourcen mitnutzen zu können.

> „Also ich vermute auch, je schlechter es dem Bezirk, dem Kiez, sage ich mal, oder dem Sozialraum und auch der Gemeinde geht, desto mehr nimmt man sich gegenseitig wahr und nutzt das vielleicht auch. Also wie gemeinsame Straßenfeste, sich zu zeigen oder zu dem Jugendhaus Kontakt aufzunehmen, weil man selber gar keine Jugendarbeit mehr machen kann oder so was. Dass man dann schon guckt, dass man da nicht auch noch in die Konkurrenzen geht." [127]

Die Bezüge in den Stadtteil sind in besonderer Weise personenabhängig. Kooperationsbeziehungen entstehen meist durch persönliches Engagement: Es geht oft von einigen (wenigen) Einzelpersonen aus und fußt auf persönlichen Beziehungen. Dies kann soweit führen, dass die Rollen der Personen sich zum Teil vermischen und nicht mehr klar zu trennen sind.

> Person 1 (w): Also, da geht vieles ineinander über.
> Moderator: Man kann es gar nicht mehr so richtig trennen dann, oder wie?
> Person 1 (w): So ungefähr, ja. Ja, ja. Weil im Dorf da vermischt sich das sowieso, dass man dann schon gucken muss, welcher Verein oder wer richtet das jetzt aus? Ist es die Kirche oder ist es der Geschichtsverein oder was weiß ich. Oder die SPD, oder was?

Person 3 (m): Also, man kann nicht auf allen Hochzeiten tanzen oder, ob ich jetzt als SPD'ler oder Kirchenvorstand oder sonst wie die Grillwurst drehe, ich stehe dann trotzdem bei jedem Sommerfest da und drehe die Grillwurst. So halt.

Person 2 (w): Also, man sieht es dann gar nicht, meinst du oder was?

Person 1 (w) Ja, so ungefähr. Also, weil viele Leute in mehreren Vereinen oder Organisationen sind. Deshalb kann man anhand der Leute nicht unbedingt sehen: Wer ist jetzt Ausrichter? Weil viele sich mehrfach engagieren.

Person 3 (m): Das Dorf ist eigentlich der Verein und es gibt nur Sparten innerhalb eines Vereins oder so was.[128]

Eine weitere wichtige Bedeutung kommt der Nachbarschaftlichkeit zu. Nachbarschaft fungiert als Katalysator für gemeindliches Leben. Dies unterscheidet parochiale Gemeinden von Personalgemeinden oder übergemeindlichen Diensten, denn dort fehlen Nachbarschaftsbezüge.

„Ich war ja auch einige Zeit weg im Ausland. Aber als ich dann wieder nach Hause kam, wollte ich wieder genau da anknüpfen. Weil das eben auch ein Stück von Heimat ist, von zu Hause ist, von Geborgenheit. Und ich will nicht nur hier in [Name des Dorfes] *wohnen*, sondern ich *lebe* da auch. Und dazu gehört für mich, dass ich an verschiedenen Punkten mit den Leuten was zu tun haben will. Für den einen ist es vielleicht der Schützenverein oder die Feuerwehr und für mich ist es die Kirchengemeinde. Und da will ich die auch ein Stück mitgestalten, wie ich das gerne hätte, damit ich mich da auch wohlfühle."[129]

Die Einbettung ins Gemeinwesen besteht neben institutionellen Kontakten oder Kooperationsbeziehungen vor allem im Aufgreifen der Themen des Stadtteils. Wichtig für eine relevante Rolle im Gemeinwesen ist, dass mitdiskutiert wird über das, was die Menschen vor Ort bewegt. Die geselligen Bezüge im Stadtteil spielen eine wichtige Rolle, allen voran lokale Brauchtumspflege und Ak-

tionen, die zur Identifikation der Menschen mit ihrem Stadtteil beitragen. Immer wieder wurde in den Gesprächen auf die Bedeutung von Stadtteilfesten hingewiesen. Die Intensität der Beteiligung in den Beispielen reichte vom bloßen Beteiligtsein über das Zurverfügungstellen von Räumlichkeiten bis hin zum Vorantreiber.

Kirchengemeinden sind also auf verschiedene Art mit ihrem Gemeinwesen verwoben. Sie pflegen institutionelle Kooperationen mit anderen Akteuren des Gemeinwesens, unterhalten Kontakte zu Vereinen, Gruppen oder Initiativen, sie greifen auf, was die Menschen vor Ort bewegt und pflegen die geselligen Bezüge im Stadtteil, zum Beispiel durch Stadtteil- oder lokale Brauchtumsfeste. Für den Gemeinwesenbezug spielt noch etwas ganz anderes eine nicht zu unterschätzende Rolle: die Ausstrahlung des Kirchengebäudes. In den Interviews wurde immer wieder auf die Bedeutung von Kirchengebäuden hingewiesen. Neben der Möglichkeit, in der Kirche Stille zu erfahren, liegt die Bedeutung des Gebäudes darin, Identifikationsobjekt im Stadtteil oder Dorf zu sein.

„Die Kirche ist immer sehr wichtig, also die Kirche als Ort, als Gebäude. Wenn eine Kirche mal geschlossen wird, dann heißt es auf einmal: „Aber da wurde ich doch getauft und konfirmiert!" Angebote sind wichtig, da machen wir ja generell schon ziemlich viel. Aber das ist oft nicht so wichtig wie Orte, wie die Kirchen selbst, also die Gebäude."[130]

Das Gebäude scheint eben auch für die Menschen, die sich nicht zu Kirche oder Gemeinde zugehörig fühlen, ein Identifikationspunkt zu sein – so zumindest die Wahrnehmung der beteiligten Gesprächspartner. Mit einer Art von Respekt und auch einer gewissen Verwunderung wird durchgängig betont, dass die Kirche mehr ist als bloß ein Versammlungsort für Gottesdienstbesucher.

„Für alle die, die nicht mit Kirche in Berührung kommen, oder nur zu den offiziellen Anlässen, hat es trotzdem eine Ausstrahlung, die ich später erst gedacht habe. Ich hab immer gedacht, das ist ein unchristlicher Ort, wo ich gelebt habe. Und im Nachhinein denke ich, das stimmt überhaupt nicht, die Kirche hat eine große Bedeutung und eine große Ausstrahlung, gerade Dorfkirchen". [131]

Das Gebäude strahlt aus, warum genau, wird nicht immer ganz deutlich, aber es liegt auf jeden Fall daran, dass es sich eindeutig um ein religiöses Bauwerk handelt, einen „magischen Ort". [132] Von einem Stadtteilzentrum – und sei es in kirchlicher Trägerschaft – würde dies niemand erwarten.

> „Ich kenne als Küster ja wirklich jeden hier in der Gemeinde. Ich kenne nicht jeden Namen aber ich kenne jedes Gesicht. Und neulich stand da so ein Grüppchen auf dem Kirchplatz, die ich alle nicht kannte. Ich bin da hin und habe gefragt, ob ich helfen könnte. Und da sagt einer, dass er gerade Freunde zu Besuch hätte aus einer anderen Stadt und er würde ihnen jetzt seine Kirche zeigen. Er hat wirklich *seine Kirche* gesagt, und der Mann, das weiß ich hundertprozentig, war noch nie irgendwo mit dabei. Aber es ist *seine* Kirche. Das ist doch irgendwie der Hammer, oder?" [133]

Das Kirchengebäude repräsentiert Identität und Integrität eines Ortes. [134] „Auch in einer säkular geprägten Umwelt sind Kirchen nicht nur markante Gebäude im Bild des Dorfes oder der Stadt. Sie sind für viele Menschen – auch für Kirchendistanzierte und Konfessionslose – eine sichtbare Wertepräferenz. [...] Dass die Kirche im Dorf oder in der Stadt steht, gilt vielen als Zeichen dafür, dass die Traditionskette nicht reißt, ohne die auch der gesellschaftliche Konsens als gefährdet gelten müsste". [135]

● **Kooperationsfördernde Werte**

Die Sache mit der Reziprozität

Eine zentrale Stellung in den unterschiedlichen Sozialkapitalkonzepten kommt der Reziprozität zu, also der „Gegenseitigkeitsnorm". Reziprozität ist quasi *die* klassische kooperationsfördernde Norm in den Sozialkapitaltheorien. Wie sieht dies in Kirchengemeinden aus? Inwiefern besteht in Kirchengemeinden eine Norm der Gegenseitigkeit? Wird dort tatsächlich reziprok interagiert?

Das Phänomen der Gegenseitigkeit zeigt sich in den Diskursen über das, was Kirchengemeinden ausmacht, eher diffus. Auf der einen Seite tauchen zwar durchaus theologische Begründungsmuster der Reziprozität auf, meist als Hinweis auf das „Dienet einander" in 1. Petr. 4, auf Gemeinschaftsvorstellungen („Ein Leib, viele Glieder") und das *koinonia*-Motiv. Dies entspricht den Erwartungen an christliche Lehre und Verkündigung und wird auch in der Sozialkapital-Literatur gelegentlich betont. [136] Allerdings bleibt dies in den Interviews bei Nachfragen und bei der Bitte um Konkretion äußerst oberflächlich und schemenhaft.

Reziproke Handlungsmuster scheinen de facto eine recht geringe Bedeutung für die Gestaltung des gemeindlichen Lebens zu haben. In der Reflexion christlicher Werte sind sie zwar präsent, allerdings muss auf der Ebene der Interaktion eine prägende Kraft infrage gestellt werden. Natürlich können Reziprozitätsvorstellungen formuliert werden, aber Konkretionen bleiben aus. Zumindest wenn man das Reziprozitätsverständnis der Sozialkapitaltheorien zugrunde legt, deren gängigen Operationalisierungen lauten: „Ich bin bereit, Gefallen zu erwidern", „ich strenge mich an, jemanden zu helfen, der mir geholfen hat" und „ich nehme Kosten auf mich, jemanden zu helfen, der mir geholfen hat". In diesem Sinne scheinen Kirchengemeinden nicht in erster Linie Gegenseitigkeitsnetzwerke zu sein. Das bedeutet natürlich nicht, dass sie frei von reziprokem Verhalten sind. Nur scheint Gegenseitigkeit nicht die das Gemeindeleben prägende und gestaltende Norm zu sein.

Auch wenn Kirchengemeinden als Unterstützungs-netzwerke verstanden werden können, sind sie es eben nicht in erster Linie. Die Teilnahme am ge-meindlichen Leben ist nicht vergleichbar mit dem Austausch in Tauschringen und die Mitgliedschaft ist auch nicht vergleichbar mit der Mitgliedschaft in Organisationen, denen klassischerweise Rezi-prozität unterstellt wird, wie zum Beispiel Selbst-hilfegruppen oder Genossenschaften. Aber kön-nen Kirchengemeinden nicht trotzdem eine Art von Tauschnetzwerken sein? Nur dass entgegen den Sozialkapitaltheorien etwas anderes „getauscht" wird – nämlich Aufmerksamkeit, Beachtung und Anerkennung?

Aufmerksamkeit, Beachtung und Anerkennung

In den für diese Studie geführten Interviews hat sich deutlich gezeigt, wie wichtig Aufmerksamkeit, Beachtung und Anerkennung im Gemeindeleben sind. Vielleicht sind diese Werte gar die zentralen und prägenden Werte in einer Kirchengemeinde. In der klassischen Sozialkapitalliteratur werden diese Werte nicht diskutiert. In dem Sozialkapitalmodell von Claus Offe und Susanne Fuchs gibt es zwar auch die Kategorie der Aufmerksamkeit, allerdings ist hier die Aufmerksamkeit auf Belange des öffent-lichen Lebens gemeint, es handelt sich also um ei-ne politikwissenschaftliche Kategorie.

Dabei geht es nicht um Anerkennung im Sinne gesellschaftlichen Ansehens[137], sondern um das Beachtet- und Anerkanntwerden durch die Mitstrei-ter in der Gemeinde – und, natürlich, in besonde-rem Maße durch den Pfarrer und die Pfarrerin.

Anerkennung zu bekommen, setzt voraus, sich ein-bringen zu können. Dies gelingt vor allem dann, wenn man ein Amt oder eine Aufgabe hat. Die SI-Ehrenamtsuntersuchung zeigt, dass nur ein klei-ner Teil der befragten ehrenamtlich Engagierten in Kirchengemeinden lediglich eine einzige Aufgabe übernommen haben (14%).Weit mehr als die Hälfte (56%) der Aktiven üben zwei bis fünf ehrenamtliche

Tätigkeiten aus. Die verbleibenden 30 Prozent der gemeindlich Engagierten haben sechs oder mehr Aufgaben übernommen.[138]

In einer Gruppendiskussion wird ganz in diesem Sinn formuliert:

> „Manche Leute leben davon, dass sie in der Ge-meinde viel machen, dass sie auf allen Hochzeiten tanzen und gleich fünf Gruppen leiten".[139]

Nun mag es viele Gründe geben, sich ehrenamtlich zu engagieren. Die geführten Gespräche legen den Schluss nahe, dass es gerade die Hoffnung auf An-erkennung ist, die zur Ausübung eines Amtes oder zur Übernahme einer Aufgabe führt.

Tatkräftiges Engagement

Engagement hat in Kirchengemeinden also einen hohen Stellenwert, besonders ist auch das En-gagement für andere Menschen wichtig. In einer Gruppendiskussion wurde auf die Frage, welche Werte in einer Kirchengemeinde wichtig sind und gelebt werden, diesbezüglich gesagt:

> „Also, so zu gucken, was man noch für andere tun kann, das ist quasi so der Urschlamm, aus dem wir leben, also aus dem die Kirchengemeinde heraus lebt. Und ich denke auch, man könnte in der Kir-chenvorstandsarbeit oder in der Kirchengemeinde immer zu jedem sagen: Du, da müssen wir mal hin-gucken, da ist ein Kind, das kommt immer in die Schule, das hat kein Frühstück. Oder, da müssen wir mal gucken, wen wir da hilfreich zur Seite stel-len können, oder so. Und ich höre auch immer sehr stark an vielen Stellen: Aber da muss man doch was machen. Also, so eine Urzuständigkeit christ-licher Gemeinden für Armut oder für gesellschaft-liche Prozesse zu spüren. Das ist was unglaublich Starkes und Tragfähiges."[140]

In einer Gruppendiskussion erzählte eine Frau, dass sie eine Tochter im jungen Erwachsenenalter mit Lernschwierigkeiten habe. Sie spiele im Posau-nenchor, fühle sich dort auch wohl, und sagt immer, dass alle anderen Angebote in der Kirchengemeinde nichts für sie seien, weil diese zu kopflastig wären. Sie würde zwar ab und an auch in den Gottesdienst gehen, allerdings sei die Predigt nichts für sie, weil sie wenig verstehen würde. Die Mutter erzählte dies und wollte eigentlich damit illustrieren, dass ihre Tochter gerade über das Musizieren in der Gemeinde integriert sei. Es setzte dann aber ein bemerkenswerter Effekt ein: Es entspann sich eine recht lange Diskussion darüber, was man denn nun noch alles „für das Mädchen" tun könne. Das war weder die Absicht der Mutter noch wird es der Wunsch der jungen Frau sein, aber es kam zu einem gruppendynamischen helfen wollen. Es ging soweit, dass man überlegte, ob man nicht in den Nachbargemeinden nach jungen Leuten mit ähnlichem Handicap suchen könnte, um dann für diese ein eigenes Angebot ins Leben zu rufen. Die Situation war geprägt von einer Mischung aus Betroffenheit und Tatkraft. Und genau das scheint für Kirchengemeinden nicht untypisch zu sein.

Dies sagt aber nicht nur etwas über die leitenden Werte in einer Kirchengemeinde aus, sondern auch über die Art und Weise, wie Vergemeinschaftung funktioniert. Wenn man sich das Beispiel anschaut, ist zu vermuten, dass vor allem die potenziell Helfenden sich gemeinschaftlich formieren – dies hatte in der Diskussionsrunde bereits begonnen. Helfen wollen ist ungemein gemeinschaftsbildend. Aber nicht unbedingt bei denjenigen, denen geholfen wird, sondern in erster – vielleicht auch in einziger – Linie für diejenigen, die helfen.

Wenn man über Beteiligung und Engagement in Kirchengemeinden diskutiert, kommt das Gespräch häufig auf die Möglichkeiten und Grenzen eines Engagements für Benachteiligte. Es stehen dann meist Projekte im Mittelpunkt, die in irgendeiner Form benachteiligten Menschen helfen sollen. Aus dem Blickwinkel der Sozialkapital-Theorien sind allerdings gerade die Möglichkeiten zur eigenen Beteiligung von Bedeutung – das Mitmachen, nicht

Hilfe bekommen ist der sozialkapitalbildende Faktor!

Integrationswille

Auch der Wunsch, eine gesellschaftlich integrative Kraft sein zu wollen, spielt für Kirchengemeinden eine wichtige Rolle. Der Wert gesellschaftlicher Integration durchzieht fasst alle Interviews und ist überaus präsent, und der Anspruch, ein integrierender Ort zu sein, ist ausgesprochen hoch. Integration ist ein kirchliches Anliegen, dies wird als ureigene Aufgabe von Kirche beschrieben, in zahlreichen Varianten. Sowohl auf die Frage, welchen Wert eine Kirchengemeinde für die Gesellschaft habe als auch auf die Frage, welche Werte innerhalb einer Kirchengemeinde wesentlich sind, hat der Wunsch, eine Integrationsinstanz zu sein, eine herausgehobene Stellung: „Integrieren wollen" scheint ein ähnlich starkes Anliegen zu sein wie „helfen wollen".[141]

Der Anspruch an eine integrative Wirkung ist ausgesprochen hoch. Mögliche brückenbildende Effekte müssen dabei differenziert betrachtet werden, denn integrative Effekte sind fast immer relativ: „Entlang einiger Dimensionen werden Gegensätze überbrückt, entlang anderer finden sich ähnliche Menschen zusammen".[142] Wenn an dieser Stelle von Integrationswillen oder Integrationskraft der Gemeinde die Rede ist, darf also kein unrealistisches Bild entstehen. Bestimmte kirchliche Angebote zeigen sich beispielsweise generationsübergreifend, bezogen auf die Milieuvielfalt bleiben sie allerdings oft recht homogen. Als Beispiel können hier Chöre, allen voran Gospelchöre, genannt werden, in denen oft ein breites Altersspektrum, aber ein sehr eingeschränktes Milieuspektrum vertreten ist.[143] In anderen Bereichen gelingt Status übergreifendes *bridging* (siehe S. 17-18), das dann aber wiederum auf identische biografische Lebensphasen beschränkt ist.[144]

Gleichzeitig wurde häufig problematisiert – in unterschiedlicher Schärfe der Wortwahl –, dass Gemeinden hieran immer wieder scheitern. Vielleicht wollen Kirchengemeinden an dieser Stelle mehr sein, als sie es tatsächlich sind. Doch zunächst einmal sollte festgehalten und wertgeschätzt werden, dass dieses Selbstverständnis existiert. Die einsetzende Enttäuschung darüber, dass Kirchengemeinden hinter ihrem Anspruch zurückbleiben, kann auch als Indiz gewertet werden, dass dieser Wert in der Tat bedeutend ist.

Ein Beispiel aus dem Gespräch mit einem Pfarrer:

> „Nehmen Sie doch mal den Konfi-Unterricht. Das ist das erste und das letzte Mal, dass ein Gymnasiast auf einen Sonderschüler trifft. Das ist doch eine Chance! Und die haben wir hier, die können wir nutzen, verstehen Sie? Also, die müssten wir doch nutzen. Wenn ein L-Schüler neben einer Gymnasiastin sitzt, dann können die beiden wirklich voneinander profitieren. Aber dafür muss ich als Hauptamtlicher sorgen, das ist dann meine Aufgabe. Das passiert nicht einfach so. Also nur die verschiedenen Leute zusammen in einen Raum stecken, da passiert noch gar nichts. Wenn die wirklich was voneinander lernen sollen, dann ist das anstrengend. Und hin und wieder gibt es ja auch Konfirmandengruppen, die man bewusst nach Schultypen trennt, weil das für die Hauptamtlichen sonst einfach viel zu anstrengend ist."[145]

Auch wenn hier vor allem die Anstrengung der Integration betont wird, wird doch deutlich, dass das Grundanliegen eindeutig darin liegt, integrierend wirksam sein zu wollen.

Fragt man nach dem integrationsfördernden Potenzial von Kirchengemeinden, ist dies natürlich vor allem davon abhängig, inwiefern Gemeinden als inklusiv oder exklusiv erlebt werden. „Nicht die heterogene beziehungsweise homogene Zusammensetzung sozialer Netzwerke, wie bei der Unterscheidung zwischen bindendem und brückenbildendem Sozialkapital, beeinflusst maßgeblich die Art der vorherrschenden individuellen Einstellungen, sondern die so genannten konstitutiven Vereinsgüter, also die Zielsetzungen der Vereinigungen und die mit ihnen einhergehenden sozialen Normen".[146] Damit sind nicht nur die Zusammensetzung der Mitglieder (brückenbildendes vs. bindendes Sozialkapital), sondern in besonderem Maße die Ziele der Gruppierungen (inklusives vs. exklusives Sozialkapital) von Bedeutung.

In den Gesprächen wird zum einen der authentische Wunsch nach integrativem Wirken beschrieben, zum anderen wird aber auch sehr deutlich artikuliert, dass sich dieser Wunsch nicht durch das gesamte Gemeindeleben zieht.

Person 1 (m): Ich muss daran denken, dass es offensichtlich wirklich integrationsfreie Angebote in den Gemeinden gibt. [Gruppe lacht] Also Angebote, die nicht das Ziel haben, zu integrieren.
Person 6 (m): Integrationsfreie Angebote. Das muss ich mir merken. [lacht]
Person 1 (m): Ja, integrationsfreie Angebote. Das geht so ein bisschen einher mit dem Aspekt, den ich oft erlebe, dass Kirche als Freizeitanbieter wahrgenommen wird: Wir konkurrieren mit dem Flötenunterricht, dem Schachclub und dem Reitverein. Und es ist nicht klar, dass das keine Freizeitbeschäftigung ist, sondern, dass das tatsächlich ein ganz anderes Angebot ist."
Person 5 (w): Ja, gerade bei Jugendlichen, so. Viele Jugendliche haben heute einen gefüllten Terminkalender. Tanzschule. Reiten. Sport. Musikschule. Wir konkurrieren also mit den Sportvereinen und der Musikschule, kann man wohl so sagen.
Person 4 (w): Also ich finde ja, nicht nur bei Jugendlichen. Wir sind ja selbst hier vor einigen Jahren zugezogen. Ich wusste, wo meine Gemeinde ist, aber wir haben kein Begrüßungsschreiben gekriegt, nichts. Das erste Schreiben was wir gekriegt haben, war, als mein Mann sechzig wurde. Mit Angeboten, wo ich gedacht habe: Was sind wir jetzt denn hier? Ein Turnverein oder sonst was? Dieses ganze „55 plus", und sie haben alles angeboten, nur nichts Theologisches.[147]

Aus diesem Ausschnitt der Gruppendiskussion der Gemeindeberater kann man den Schluss ziehen, dass die genannten „integrationsfreien Angebote" vor allem Angebote sind, die eine Parallelität zu – mehr oder weniger kommerziellen – Freizeitangeboten sind. Gerade dies kann auch der Grund für ein fehlendes integratives Selbstverständnis sein. Hier wird Gemeinde nicht als Gemeinschaft oder Kontaktnetzwerk verstanden, sondern als „Angebotsdienstleister".

• **Ermöglichung gemeindlicher Teilhabe**

In diesem Abschnitt werden einige Aspekte aus den geführten Gesprächen zusammengetragen, die sich für die konkrete Teilhabe am Gemeindeleben als wichtig erwiesen haben. Es geht nun nicht mehr um Werte und Normen, wie sie in der klassischen Sozialkapital-Literatur diskutiert werden, sondern um Einzelaspekte der Partizipation, die aber für Kirchengemeinden besonders typisch zu sein scheinen.

Einbindung en passant oder „Integration by doing"

Ein bekanntes Phänomen ist in den Gesprächen immer wieder angesprochen worden: Sobald betont wird, dass Gemeinden offen und einladend sein wollen, wird sogleich hinzugefügt, dass sie es wahrscheinlich gar nicht sind, sondern eher das Gegenteil befördern würden. Die Differenz zwischen dem Wunsch, einladend sein zu wollen und dem faktischen Gegenteil trifft sicherlich für etliche Gruppierungen auch außerhalb der Kirche zu.

> „In fast allen Gemeindekonzepten finden Sie die Formulierung: Wir sind eine offene Gemeinde. Oder: offen, einladend, missionarisch-diakonisch. Aber so ist es oft gar nicht. Es gibt einen deutlichen Widerspruch zwischen dem Wunsch, offen sein zu wollen, und der Wirklichkeit der Gemeinde. [148]

Menschen einzubinden erweist sich oft als schwierig. Zahlreiche Beispiele für nicht gelingende Integration werden genannt. Dies kann auch daran liegen, dass diejenigen, die eingebunden werden sollen, erst einmal als solche bestimmt und damit letztlich als defizitär definiert werden. Sobald versucht wird, bewusst Integration „zu machen", geht dem eine Desintegration voraus – und wenn auch nur in der Wahrnehmung. Ein möglicher Weg ist es, Gemeinsamkeiten in den Vordergrund zu stellen. So können die Unterschiede in den Hintergrund treten, also auch der Unterschied, ob man bereits – in eigener oder fremder Wahrnehmung – dazu gehört oder nicht.

> „Aber ich glaube und erlebe das vielleicht tatsächlich durch die unbewusstesten Integrationsversuche am ehesten was passiert, wie zum Beispiel im Kirchenchor. Da bleiben dann wirklich Leute ab und zu auch mal hängen und interessieren sich ein bisschen mehr für das, was in der Gemeinde passiert. Das ist relativ niederschwellig, die Leute kommen mit Freude zusammen und erleben, dass es schön ist, zusammen zu singen, kriegen das Gefühl für Gemeinschaft, zack, und ein paar bleiben hängen. Es gibt einen Haufen ungenutzte Chancen. [...] Also es gibt, glaube ich, nicht oft gute Konzepte für Integration, sondern es passiert dann mehr aus Versehen, so wie bei dem Chor, das man sagt: Ach, das ist ja schön. Integration by doing." [149]

Mit den Schlagworten „Einbindung aus Versehen" und „Integration by doing" hat der Teilnehmer aus der Gruppendiskussion der Gemeindeberater dies griffig auf den Punkt gebracht.

Eine gute Einbindung in die Gemeinde scheint vor allem dann zu gelingen, wenn sie gar nicht beabsichtigt ist. Einbindung passiert *en passant*. Man denke nur an die besondere Bedeutung von Chören in diesem Zusammenhang. Wo Integration „nebenbei" passiert, sind Kirchengemeinden stark. Gerade die Einbindung, die sich beiläufig vollzieht, kann zu Gemeinschaft führen. Oder, sehr frei nach

John Lennon: Gemeinschaft ist das, was entsteht, während du dabei bist, etwas anderes zu tun.

Niederschwellig oder hochschwellig?

Wenn man nach den Möglichkeiten der Teilhabe im Kontext von Kirchengemeinden fragt, landet man schnell bei den Schlagworten der Hoch- und Niederschwelligkeit. Diese beiden Begriffe werden häufig in der Diskussion um Gemeindearbeit und -konzeptionen genutzt. Leider ist dabei eine Tendenz zu einer recht groben Vereinfachung zu beobachten, nämlich dass niederschwellig als „gut" und hochschwellig als „schlecht" bewertet wird. Eben dies kann man in mehreren Interviews und Gruppendiskussionen feststellen.

Das Paradoxe ist, dass sich die Wahrnehmungen gerade gegensätzlich verhalten können, als es gemeinhin unterstellt wird. Denn die Bewertung, ob eine Schwelle (zu) hoch oder niedrig ist, fällt einzig und allein derjenige, der über die Schwelle tritt – oder es eben nicht tut. Vermeintlich Niederschwelliges – in binnenkirchlicher Terminologie gern als „einladend" oder „gastfreundlich" bezeichnet – kann als unüberbrückbare Schwelle erlebt werden.

Niederschwelligkeit bemisst sich auch nicht daran, dass die entsprechenden Angebote etwas einfacher – oder salopp gesagt: etwas schlichter gestrickt – sind. Der Begriff „niederschwellig" wird oft im Zusammenhang mit „offen", „einladend", „freundlich" oder „persönlich" gebraucht. Aber gerade eine persönliche Ansprache kann für den Angesprochenen auch als ausgesprochen unangenehm empfunden werden.

Ein Gesprächspartner, der sich besonders um kirchliche Angebote für marginalisierte Menschen kümmert, hat sich in seiner Gemeindearbeit bereits oft mit der Frage der vermeintlichen Niederschwelligkeit beschäftigt:

„Die Hürde zu *besonderen Angeboten* ist besonders hoch. Die niedrigste Hürde hat theoretisch der klassische Gottesdienst. Da kann man sich einfach hinten hinsetzen und weiß, dass einen keiner anspricht. Dann kann man wieder gehen und das war's. Das ist eine viel kleinere Hürde als all die gut gemeinten speziellen Angebote. [...] Eine weitere Barriere ist oft auch die obligatorische Vorstellungsrunde bei kirchlichen Kreisen. Das ist oft gut gemeint, man will es ja so richtig schön persönlich haben. Aber in einer Vorstellungsrunde sagt man eben nicht nur seinen Namen, sondern auch immer auch den Beruf. Das ist irgendwie so ein preußisches Kulturgut, das kann man auch nicht abstellen. Und wenn dann ein Arbeitsloser sagen muss: Ich bin arbeitslos. Der kommt nicht wieder, beschämender geht es ja gar nicht!" [150]

Die Bedeutung von Regelmäßigkeit und Verbindlichkeit

Religiöse Ausdrucksformen vollziehen sich oft regelmäßig, sie sind rhythmisiert und strukturieren Zeit. Wichtig sind daher *verlässliche* Zeiten, Orte und Formate. Genau dies wird von Kirchengemeinden erwartet. Und es wird eben deshalb erwartet, weil Gemeinden Religion organisieren und nicht beliebige Freizeitangebote. Die Regelmäßigkeit und Verlässlichkeit bezieht sich dabei besonders auf den sonntäglichen Gottesdienst.

„Im Grunde ist das recht einfach, weil die Kirchengemeinden immer zum selben Zeitpunkt dasselbe Ritual am gleichen Ort machen. Und einer ist immer da. Kein Termin fällt aus. Aber dies wird von Kirchengemeinden selbst viel zu oft unterbrochen. Verlässlichkeit ist wichtiger als eine Vielfalt an Angeboten. Manchmal ist mir diese Vielfalt auch zu viel. Es wird mir zurzeit zu viel probiert und rumgefummelt, immer wieder werden Formate verändert." [151]

Verbindlichkeit und Regelmäßigkeit bei den Angeboten wird in den Gesprächen als einer der wichtigsten Faktoren genannt, um möglichst einfach Zugang bekommen zu können.

„Was ganz wichtig ist, dass es Verbindlichkeit gibt vonseiten der Gemeinde. Dass es Angebote gibt vonseiten der Gemeinde. Ob sie genutzt werden, ist eigentlich relativ egal, Hauptsache es gibt sie. Dass Gottesdienste stattfinden. Ob da viele hingehen, ist egal. Hauptsache sie finden statt."[152]

Hineinwachsen, sich nicht entscheiden müssen

Unabhängig davon, ob man eher Kontakte oder Gemeinschaft sucht, ob man große oder überschaubare Formen bevorzugt, stellt sich natürlich die Frage, wie sich der Zugang zur Kirchengemeinde gestaltet. Immer wieder wird betont, dass man ohne persönliche Kontakte kaum in eine Gemeinde hineinkommt. Dabei geht es weniger darum, dass man *angesprochen* oder *eingeladen* wird, sondern dass man *mitgenommen* werden muss.

> Person 3 (w): Ich glaube einer der einfachsten Möglichkeiten ist es, in den Gottesdienst zu gehen. Trotz allem ist da die Hemmschwelle niedrig. Oder die zweite Möglichkeit ist, ich kenne da jemanden, der zu mir sagt: Du hast doch Interesse an gregorianischen Gesängen, immer donnerstags um sieben und ich gehe da auch hin. Aber so der Klassiker, dass ich den Gemeindebrief bekomme und sehe, da ist ein klasse Angebot und da gehe ich jetzt einfach mal hin, das ist schon eine große Hürde, mal so pauschal gesagt.
> Person 2 (m): Genau. Du kommst in eine Kirchengemeinde, in dem du an die Hand genommen wirst und eingeführt wirst. Du brauchst einen *Türöffner*. Du brauchst einen, der dich verlässlich dort abliefert. Oder du hast eben wirklich schlecht Karten.[153]

Wenn auf diese oder ähnliche Weise eine Berührung mit der Kirchengemeinde stattgefunden hat, kommt es zu einem für viele volkskirchlich geprägte Gemeinden typischen Phänomen: Es wird keine bewusste Entscheidung eingefordert, ob man weiter partizipieren will oder nicht. Die meisten Beteiligungsformen erfordern keine formale Entscheidung, der Normalfall besteht darin, sich nicht entscheiden zu müssen. Gemeindliche Partizipation braucht weder Beitrittserklärung oder Anmeldung, noch Bekenntnis. Dies unterscheidet die Volkskirche sowohl von kommerziellen Freizeitanbietern (in der Regel auf der Grundlage einer vertraglichen Vereinbarung), und auch von freikirchlichen Gemeinden (bei denen ab einem gewissen Punkt ein verbindliches Bekenntnis verlangt wird). Gerade dadurch wird Partizipation ermöglicht. Man entscheidet sich also nicht bewusst *dafür*, sondern entscheidet sich einfach *nicht dagegen*.

Isolde Karle formuliert dies so: „Die Kirche in lokaler Nähe hat umgekehrt, insbesondere für Kinder, Jugendliche und Familien, sehr viel eher Möglichkeiten, Situationen zu schaffen, in denen sich Menschen mehr oder weniger zufällig vorfinden, für die sich Menschen nicht (nach eingehender Prüfung von Alternativen) direkt entschieden haben, die sich niederschwellig ergeben, die viel mit Zufall, Kontakt, persönlichem Eindruck und ‚Mitlaufen' zu tun haben".[154] Karle beschreibt auch das Phänomen der „schleichenden Involviertheit": „Prägend für den Kontakt zur Kirche kann die kirchliche Jugendgruppe oder der Chor sein, Aktivitäten, bei denen man mehr oder weniger reflexionsfrei mitmacht. Es ist in der Regel das selbstverständliche Mitlaufen, das zu einer religiösen Offenheit und Bindung führt, nicht die bewusste Entscheidung".[155] Eine schleichende Involviertheit kann ein Hineinwachsen bedeuten: Aus Teilnehmenden werden Mitarbeitende. Dies setzt Beteiligungsmöglichkeiten voraus. Genau dies bieten Gemeinden – im Unterschied etwa zu kommerziellen Freizeitanbietern.

Die Möglichkeiten des nicht Entscheidenmüssens und des Hineinwachsens werden dadurch gefördert, dass die volkskirchlichen Gemeinden gegenwärtig noch über eine gewisse Selbstverständlichkeit verfügen, zumindest im Westen Deutschlands. Letztlich muss man sich oder anderen gegenüber keinerlei Rechenschaft ablegen, warum man sich zur Kirchengemeinde hält.

Sich zugehörig fühlen

Manchmal geht es gar nicht darum, tatsächlich vorzukommen, sondern es reicht bereits aus, sich zugehörig zu fühlen, ohne unmittelbar dabei zu sein. Dazu ein Zitat von einer Gemeindepfarrerin:

> „Es gibt viele, die mal auftauchen, bei denen denkt man, die haben mit der Gemeinde nichts zu tun. Die goldenen und silbernen Konfirmationsgespräche haben mich eines anderen belehrt, weil da Leute, die mir völlig fremd waren, gesagt haben, also auf so eine Frage hin: Wie beschreiben sie denn ihren Weg mit Kirche und so? – „Na ja, immer dicht dran." – Sie sind einmal im Jahr in den Weihnachtsgottesdienst gegangen, sie haben an den Gemeindefesten teilgenommen, sie haben den Gemeindebrief gelesen. Die fühlten sich integriert, während ich gedacht hätte, die gehören gar nicht so recht zur Gemeinde. Also, ich hab sie nie wahrgenommen, obwohl ich dann schon fünfzehn oder achtzehn Jahre in der Gemeinde [als Pfarrerin] war." [156]

Zunächst einmal wird deutlich, dass das Gefühl der Zugehörigkeit ausschlaggebend ist, es geht um die Selbstwahrnehmung der eigenen kirchlichen Bindung. In diesem Beispiel scheint sich die betreffende Person stark verbunden zu fühlen, obwohl ihr Teilnahmeverhalten von außen als äußerst gering (bis gar nicht vorhanden) interpretiert wird.

In dieser Passage kann man zudem die Bedeutung loser Kontakte erahnen. Starke Bindungen zu anderen Menschen in der Kirchengemeinde werden wohl nicht vorhanden sein, aber gerade die schwachen Bindungen sind für das Gefühl, integriert zu sein, besonders wichtig.

Dieses Phänomen – dabei sein können, ohne permanent dabei zu sein – stellt außerdem die gängige Polarität von „Kerngemeinde" und „Distanzierten" infrage. [157] Die genannte Person wird sich selbst wohl nicht zu den „Distanzierten", den „Mitgliedern in Halbdistanz" zählen. Würde man sie nach ihrem Sozialkapital befragen, würde für sie der Faktor Kir-

chengemeinde sicherlich auch eine wichtige Komponente spielen: Sie weiß von den wichtigsten Kontaktpersonen der Gemeinde durch ihren Gemeindebrief, sie weiß, wie und wo sie konkret Begegnung suchen kann und tut dies auch, zudem fühlt sie sich bei den religiösen Vollzügen des Gemeindelebens integriert, da sie regelmäßig – wenn auch mit äußerst niedriger Frequenz – teilnimmt. „Schon bloße Zugehörigkeit ist heute unter Umständen ein Zeichen innerer Beteiligung", formuliert das EKD-Papier „Kirche mit Hoffnung". [158] Das heißt, die Kategorie der Distanz macht wenig Sinn, denn *Distanz* misst Entfernung – nah oder weit – die entscheidende Kategorie scheint aber viel eher *Interesse* zu sein.

Es geht an dieser Stelle nicht unbedingt um ein aktives Gemeindeleben, sondern um das zitierte „einfach dazugehören". Stark zugespitzt könnte man formulieren: *dabei sein können, ohne unmittelbar dabei zu sein.* Die Volkskirche ermöglicht es, „sich zur Kirche zu halten, indem man sich distanziert zur Kirche verhält. Solche Räume nicht zu verengen oder gar zu schließen steht hinter dem Anliegen, Kirche volkskirchlich offen zu halten". [159]

Die Bedeutung des Essens

Abschließend sei noch ein Aspekt erwähnt, der besonders in den Gruppendiskussionen relevant war: die Bedeutung des Essens als Aspekt von gemeindlicher Teilhabe.

> „Ganz viel in der Gemeindearbeit läuft über Essen. Gerade weil beim Essen Gemeinschaft möglich ist. Es geht nicht um das Kulinarische an sich. Es geht auch nicht darum, dass es eine komplette Mahlzeit ist. Ich meine jetzt wirklich das Essen als ein Stück Gemeinschaft, Essen ist hier auch ein Stück Kultur im Stadtteil." [160]

Gemeinsames Essen konstituiert Gemeinschaft. Das Beispiel bezieht sich auf die Konfirmandenarbeit, die Bedeutung des Essens – über das Kulinarische hinaus – wird aber auch für andere Gemeindezusammenhänge betont. In vier der fünf Gruppendiskussionen wurde dies thematisiert. Dabei wurde gar nicht explizit danach gefragt, dies entwickelte sich jeweils im Laufe des Gesprächs. Ausgelöst wurde dies durch die Fragen nach der Bedeutung der öffentlichen und geschlossenen Sozialformen in Kirchengemeinden und durch die jede Gruppendiskussion beschließende Frage nach einem persönlichen Bild von Kirchengemeinde.

„Ja, also, Gemeinschaft zu pflegen beim Essen oder so, das finde ich überhaupt eine ganz schöne Sache. Oder auch eben so ein Abendmahl miteinander, als richtiges Essen eben auch, aber mit so einer ganz bestimmten feierlichen Haltung. Ja, und dass eben an diesem Tisch und auch drum herum alle eben da sein können und auch einen Freiraum haben. Und dass die Kinder und die Alten dabei sind. Das wäre jetzt auch so ein Bild, also so ein Bild wie Kirchengemeinde ist."[161]

Auch bei den Leitfadeninterviews wurden Einschätzungen zur Bedeutung des Essens gegeben, interessanterweise aber ohne Bezüge zur Gemeinschaftserfahrung des gemeinsamen Essens. Hier ging es stärker um die durch das Essen ermöglichten Gelegenheiten zur Begegnung. Berichtet wurde beispielsweise von einem Frühstückstreff für den Stadtteil, der mittlerweile generationenübergreifend angenommen wird, oder dass in vielen Gemeinden nach dem Gottesdienst sich die Gemeinde noch auf eine Tasse Kaffee trifft und sich austauscht:

„Ich gehe nur in den Gottesdienst, ich nehme an keinen anderen Angeboten teil. Ich will geistliche Anregung, sonst nichts. Ja, und Kontakt zu anderen Gemeindemitgliedern. Auf den Gottesdienst in meiner Gemeinde bauen dann auch die Kontakte auf. Zum Gottesdienst kommen ca. 100 Leute, zum Kirchencafé bleiben dann ca. 90, also fast alle."[162]

[105] Expertengespräch 4.

[106] Wuthnow 2002.

[107] Expertengespräch 12.

[108] Expertengespräch 11.

[109] Siehe hierzu auch die Ausführungen zur Reziprozität auf S. 38

[110] Expertengespräch 14.

[111] Fokusgruppe Großstadt.

[112] Fokusgruppe Gemeindeberatung.

[113] Fokusgruppe Jugendarbeit.

[114] Fokusgruppe Großstadt.

[115] Fokusgruppe Großstadt.

[116] Fokusgruppe Kleinstadt.

[117] Expertengespräch 4.

[118] Fokusgruppe Großstadt.

[119] Die Metapher („Schwelle") passt in vielen Fällen sogar zum Baulichen: Gemeindehäuser sind oft ebenerdig, viele Kirchen kann man erst betreten, wenn man einige Stufen hoch gestiegen ist.

[120] Expertengespräch 9.

[121] Fokusgruppe Mittelstadt.

[122] Fokusgruppe Kleinstadt.

[123] Expertengespräch 14.

[124] Expertengespräch 9.

[125] Vgl. Ahrens/Wegner 2012.

[126] Fokusgruppe Gemeindeberatung.

[127] Fokusgruppe Gemeindeberatung.

[128] Fokusgruppe Kleinstadt.

[129] Fokusgruppe Mittelstadt.

[130] Expertengespräch 9.

[131] Fokusgruppe Gemeindeberatung.

[132] Expertengespräch 8.

[133] Expertengespräch 13.

[134] Vgl. Hermelink 2011: 131.

[135] Huber 1998: 291.

136 Vgl. beispielsweise Cnaan/Boddie/Yancey 2003: 25; siehe auch Diani 2004: 147; Offe/Fuchs 2001: 445.

137 „Soziales Ansehen gewinnen" erfährt bei der Frage nach der persönlichen Wichtigkeit in der SI-Gemeindebefragung den niedrigsten Wert; vgl. Ahrens/Wegner 2012: 39.

138 Vgl. Horstmann 2013: 12-13. Ein Mehrfachengagement in dieser Größenordnung übertrifft deutlich das bisher angenommene Maß. Die EKD-Statistik belegt, dass Ehrenamtliche in evangelischen Kirchengemeinden zwei Tätigkeiten übernehmen.

139 Fokusgruppe Jugendarbeit.

140 Fokusgruppe Kleinstadt.

141 Dabei muss beachtet werden, dass Begriff wie „integrativ" oder „Integration" in ihrer umgangssprachlichen Bedeutung benutzt werden, sie sind also keine Fachbegriffe wie etwa in der Inklusionsdebatte.

142 Roßteutscher 2009: 50.

143 Vgl. Ahrens 2009: 10-15.

144 Wie beispielsweise die Vater-Kind-Arbeit; vgl. hierzu beispielsweise Reiner Knielings Hinweis, dass kirchliche Männerarbeit ein milieuübergreifendes Potenzial aufweist, Knieling 2010: 148-149.

145 Expertengespräch 6.

146 Zmerli 2008: 304.

147 Fokusgruppe Gemeindeberatung.

148 Expertengespräch 3.

149 Fokusgruppe Gemeindeberatung.

150 Expertengespräch 1.

151 Expertengespräch 5.

152 Fokusgruppe Großstadt.

153 Fokusgruppe Großstadt.

154 Karle 2010b: 110.

155 Ebd.

156 Expertengespräch 7.

157 Hinzukommt, dass das, was eine Kerngemeinde ausmacht – man kennt sich, man ist aufeinander bezogen, es gibt einen gewissen Grad an Verbindlichkeit – in anderen Kontexten oft als deutlich positiv bewertet wird: Man denke nur an Basisgemeinschaften oder Kommunitäten. Das, was mit dem Begriff Kerngemeinde in aller Regel gemeint ist, ist ein bestimmtes Milieu, das das gemeindliche Leben stark prägt und das kritisch gesehen wird. Daher hat die „Kerngemeinde" fast ausschließlich eine negative Konnotation. Dass Gemeinden faktisch einen Kern haben, kann ihnen ja wohl kaum zum Vorwurf gemacht werden – merkwürdigerweise wird es dies aber.

158 Kirche mit Hoffnung 1998.

159 Fechtner 2010: 9.

160 Fokusgruppe Jugendarbeit.

161 Fokusgruppe Kleinstadt.

162 Expertengespräch 4.

4 Gemeindliches Teilhabevermögen

- ## Die Bildung kirchengemeindlichen Sozialkapitals

Was für ein Ort ist eine Kirchengemeinde, bezogen auf die Möglichkeit, Sozialkapital bilden zu können? Betrachtet man die Erkenntnisse der geführten Gespräche, lässt sich dies mit der Aussage eines Teilnehmers aus einer Gruppendiskussion gut auf den Punkt bringen:

> „Eine Kirchengemeinde bildet einen Raum, der nicht per se besetzt ist. Sondern es treffen sich dort junge Leute, alte Leute. Sie mischen sich nicht zwingend, aber sie begegnen sich dort. Kirchengemeinde ist ein Ort, wenn man das mal besonders herausstreicht, wo sich erst einmal viel begegnen kann, wo viel *Raum* ist und viel *Platz* ist. Von ganz unterschiedlichen Menschen und ganz unterschiedlichen Gegebenheiten."[163]

Die Kirchengemeinde als Gelegenheits- und Möglichkeitsraum

Kirchengemeinden sind Orte, an dem man sich begegnen und einbringen kann. Viele als „Kernfunktionen" bezeichnete Aufgaben werden in der Regel von hauptamtlichen Mitarbeitenden abgedeckt, sodass für weitere Idee viel Raum bleibt. Im Grunde sind die Engagement- und Gestaltungsmöglichkeiten unbegrenzt, denn es gibt kaum etwas, was eine Kirchengemeinde nicht machen könnte, von der Sitztanzgruppe bis zum politischen Boykottaufruf.

Gegenwärtig sind durch die Zusammenlegung von Gemeinden Konzentrationsprozesse im Gemeindeleben zu beobachten. Dies führt zu einem Umdenken von „Wenigen an vielen Orten" hin zu „Vielen an wenigen Orten". Und so kann eine Konzentration durchaus die Möglichkeiten der Sozialkapitalbildung fördern. Denn erst ab einer gewissen Größe können auch wirklich brückenbildende beziehungsweise integrierende Effekte einsetzen, da

2000-Seelen-Gemeinden so kleine territoriale Einheiten darstellen, dass sie letztlich wieder in sich homogen strukturiert sind. Zudem gilt natürlich: Wenn nur wenige da sind, sind die Begegnungsmöglichkeiten begrenzt. Wo nichts los ist, kann nichts entstehen. Es gibt eine – subjektiv unterschiedlich empfundene – Peinlichkeitsgrenze, bei der eine zu geringe Zahl von Anwesenden als zugangshemmend und unattraktiv erlebt wird. Durch Zusammenlegungen von Gemeinden entsteht in manchen Bereichen überhaupt erst die Möglichkeit, dass bei bestimmten Angeboten eine gewisse Masse erreicht wird. Wenn Konzentrationsprozesse ausschließlich kritisch bewertet werden, wird oft übersehen, dass für Beteiligungsprozesse ein gewisses Mindestmaß an Anwesenden und Beteiligten förderlich ist.

Die Chance als zentraler Akteur vor Ort

Das Alleinstellungsmerkmal einer Ortsgemeinde liegt nicht etwa in den einzelnen Angeboten, die eine Gemeinde vorhält, sondern in ihrem Ortsbezug. Dies unterscheidet sie von anderen Gemeindetypen, wie Personalgemeinenden oder auch funktionalen Diensten. Kirchengemeinden sind ein zentraler Akteur in Dorf oder Stadtteil und sie bieten darüber oft einen symbolischen Identifikationspunkt in ihrem Gemeinwesen. Manchmal sind sie sogar einer der wenigen Akteure, die überhaupt noch einen örtlichen Bezug haben. Sie bieten Kontakte vor der Haustür und können bei der gegenwärtig zu beobachtenden *Renaissance des Lokalen* eine wichtige Rolle spielen. Kirchengemeinden sind einer der wenigen Orte ohne Eintrittsgelder und Konsumzwang.

Zugehörigkeit zu einer Gemeinde wird durch den Automatismus des Wohnortprinzips begründet. Kirchengemeinden könnten daher zu einem gewissen Maße den typischen Mittelklasse-Bias korrigieren, der bei Partizipationsprozessen immer wieder zu beobachten ist. Zumindest wäre dies dann möglich, wenn die territoriale Einheit nicht zu klein ist. [164]

Das Portfolio unterschiedlicher Sozialformen

Kirchengemeinden bestehen nicht nur aus Gruppen und Kreisen, denen in der Regel ein geschlossener Charakter unterstellt wird (was sicherlich auch oft zutrifft). Kirchengemeinden bieten wie wohl kaum ein anderer gesellschaftlicher Akteur ein breites Portfolio an Angeboten und Formaten. Gerade deren öffentliche Dimension ist bedeutend.

Aber auch die Gruppen und Kreise müssen differenziert werden. Neben den klassischen beziehungsweise traditionellen kirchlichen Gruppen gibt es Sozialformen, die wenig mit dem zu tun haben, was man in gruppenpädagogischen Ansätzen auch tatsächlich als „Gruppe" bezeichnen würde. Es sind eher anlassbezogene Angebote, die ein Kontaktnetzwerk konstituieren. Mehrfach wurde diesbezüglich von den Befragten auf Frühstückstreffs und Krabbelgruppen hingewiesen, auch Kontakte unter Konfirmandeneltern zählen dazu. Trotz ihrer Unverbindlichkeit können sie eine gewisse Stetigkeit aufweisen, sodass aus ihnen – und das ist das Entscheidende – „etwas entstehen kann", so die Formulierung eines Gesprächspartners. [165] Es ist möglich, an diese Kontakte wieder anzuschließen, sei es im gemeindlichen Kontext oder auch hierüber hinaus. Damit stellen sie für diese „Netzwerkteilnehmer" ein wichtiges Kontaktkapital im nachbarschaftlichen Umfeld dar – und für die Kirchengemeinde ein Potenzial an Menschen, die sich zum Teil bereits untereinander kennen und auch nach längerer Unterbrechung zur Kirchengemeinde wieder aktiviert werden können. Dies deckt sich mit der Einschätzung Herbert Lindners: „Auch wenn die vereinsmäßigen Gemeinschaftsformen zurücktreten (jedenfalls nicht mehr mit hauptamtlicher Unterstützung rechnen können), so werden doch die Lebenslagen-geleiteten Netzwerke sich entwi-

ckeln (z. B. Krabbelgruppen, Gruppen ehemaliger Konfirmanden und ihrer Eltern, die an der Konfirmandenzeit der ‚Neuen' mitwirken, Gruppen von Trauernden, Projektgruppen mit kasuellen Aufgaben...)". [166]

Verlässliche Kirche und flexible Beteiligung

Kirchengemeinden bieten eine nicht zu unterschätzende Verlässlichkeit und Kontinuität – und zwar in zweierlei Hinsicht: bezogen auf ihre (Haupt-)Angebote und bezogen auf ihren Ort. Dies ist ausgesprochen wertvoll: Immer zur selben Zeit und am selben Ort wird Gottesdienst gefeiert. Und sofern ein Kirchengebäude nicht aufgegeben wird (und es dadurch zu Irritationen kommt), weiß man auch immer, wo „die Kirche" zu finden ist. Über Jahrzehnte, wenn nicht sogar Jahrhunderte bleiben Kirchengebäude bedeutende Identifikationspunkte. Diese doppelte Verlässlichkeit von Zeit und Ort erleichtert den Zugang zu Kirchengemeinden immens.

Auf der anderen Seite bieten Kirchengemeinden den Menschen, die sich beteiligen, eine hohe Flexibilität. Die Intensität der Partizipation ist frei wählbar: Man kann einfach vorkommen (eher introvertiert) oder sich darstellen (eher extrovertiert), man kann sich zugehörig fühlen, ohne unmittelbar dabei zu sein, man kann teilnehmen und auch wieder wegbleiben, ohne sich erklären zu müssen. Die Teilnahme und Beteiligung am gemeindlichen Leben setzt in vielen Fällen keine explizite Entscheidung voraus. Man muss sich nur entscheiden, sich nicht dagegen zu entscheiden. Dann kann man selbst nach langer Unterbrechung wieder den Kontakt aufnehmen, ohne dies in besonderer Weise rechtfertigen zu müssen.

Die unhinterfragte Selbstverständlichkeit von Volkskirche

Die Volkskirche wird oft recht kritisch betrachtet. Doch dies bildet vor allem innerkirchliche Diskurse ab. In weiten Teilen der Bevölkerung scheint „die Kirche" – und gemeint ist damit in aller Regel die Volkskirche – deutlich positive Assoziationen hervorzurufen: Die Volkskirche hat eine lange Tradition und ist daher bekannt, neigt nicht zu extremen Positionen und verfügt über ein in sie gesetztes Grundvertrauen. „Da passiert einem nichts", formulierte eine Gesprächspartnerin, „wir haben eine Tradition, das heißt, man weiß etwas über uns. Wir erreichen viele, weil wir unverdächtig sind. Wir sind nicht sektenmäßig. Man kann zu uns unbesorgt hingehen, man kann zu uns unbesorgt seine Kinder hinschicken, da wird achtgegeben, da gibt es keine Alkohol- und Drogenexzesse". [167] Unterstützt werden die positiven Zuschreibungen durch die Vermeidung von extremen Positionen. Ein Gesprächspartner beschreibt es so: „Als eine Norm in einer Kirchengemeinde gilt wohl: Nichts zu Exotisches machen. Nichts moralisch Ausschweifendes. Kein übermäßiger Konsum. Kein Tropenholz fürs Gemeindehaus. Das geht alles nicht. Frieden, Gerechtigkeit, Bewahrung der Schöpfung. Das kann jeder gut finden. Da kann keiner was dagegen haben. Und in so einem Korridor bewegt sich halt Gemeinde." [168]

Das Sozialkapital wird also gerade dadurch ermöglicht und gefördert, dass volkskirchliche Gemeinden als eine traditionelle Größe wahrgenommen werden. Innerkirchlich werden gerne negative Aspekte betont: traditionell im Sinne von wenig beweglich, institutionell unflexibel und in gewisser Weise auch langweilig. Es dürfen aber nicht die positiven Aspekte vergessen werden: traditionell im Sinne von bewährt und bewahrend, verlässlich, berechenbar. Ob positive und negative Zuschreibungen stimmen oder nicht, ist letztlich nicht entscheidend. Entscheidend ist, dass Zuschreibungen dieser Art durchaus wirkmächtig sein können – und dass sie so den Boden für soziales Kapital bereiten.

Auch wenn viele Kirchenmitglieder nur gelegentliche, seltene oder vielleicht sogar nur einmalige Kontakte zur Kirche haben, werden diese Kontakte „von den Meisten in den Rahmen selbstverständlicher Zugehörigkeit gestellt; sie markieren keine Entscheidung, sondern vielmehr die Überzeugung, neben anderen öffentlichen Einrichtungen sei bei entsprechenden Anlässen auch die Kirche in Anspruch zu nehmen". [169] Diese unhinterfragte Selbstverständlichkeit von Volkskirche stellt einen bedeutenden Faktor der eigenen Sozialkapitalbildung dar.

Während Kollektive grundsätzlich eine Unterinvestition in ihr Sozialkapital vermeiden müssen – das sogenannte Trittbrettfahrerproblem, bei dem Menschen das Sozialkapital eines Kollektivs nutzen, ohne selbst einen Beitrag dazu zu leisten – kann sich die Volkskirche durchaus leisten, hier großzügig zu sein. Der Wert volkskirchlicher Strukturen kann gerade darin liegen, dass es Menschen ermöglicht wird, am kirchengemeindlichen Sozialkapital zu partizipieren, die selbst nichts dazu beigetragen haben. Eben dadurch stärken Kirchengemeinden ihre zivilgesellschaftliche Position.

- **Der Sozialkapital-Ansatz als Reflexionshilfe für die Gemeindearbeit**

Über Sozialkapital verfügen zu können, kann leicht als Selbstverständlichkeit aufgefasst werden, denn die Gelegenheiten, bei denen Sozialkapital entsteht, sind oft alltäglicher Art: ein Essen mit Freunden, der Small Talk mit dem Nachbarn oder die Teilnahme am Elternabend. Dass Sozialkapital aber nicht selbstverständlich ist, wird besonders durch seine Abwesenheit deutlich: Wer nicht über bestimmte Kontakte verfügt, nicht in bestimmten Szenen zuhause ist oder nicht Mitglied in bestimmten Gruppen ist, dem bleiben gesellschaftliche Teilhabeprozesse weitestgehend verwehrt. In diesem Sinne kann auch der Begriff Armut neu interpretiert werden: Armut bedeutet dann nicht in erster Linie, wenig Geld zu haben, sondern nicht teilhaben zu können. [170] Man kann daher auch zuspitzen: *Sozialkapital ist Teilhabe-Vermögen* – vielleicht ist dies sogar die treffendste Formulierung.

Kirchengemeinden sollten sich in dieser Sichtweise als Ort verstehen, der das Teilhabe-Vermögen derjenigen erhöht, die sich dort bewegen und partizipieren. Die Beteiligungsfrage und – sozusagen vorgeschaltet – die Zugangsfrage sind aus der Sicht sozialen Kapitals die entscheidenden Fragen für die Gestaltung kirchengemeindlichen Lebens: Wie können Kirchengemeinden stärkere Beteiligung ermöglichen und wie finden möglichst viele Menschen Zugang zu diesem gemeindlichen Netzwerk?

Wie könnte aus der Perspektive der Sozialkapital-Idee eine Strategie für Kirchengemeinden aussehen? Wie kann Teilhabe-Kapital aufgebaut werden? Die Untersuchung legt mehrere Aspekte nahe: die Stärkung und Pflege der öffentlichen Dimension von Kirchengemeinden, das Ermöglichen von Begegnung, die bewusste Gestaltung von Verbindendem und schließlich die Förderung der Beteiligung.

Von zentraler Bedeutung ist es, die öffentliche Dimension der Gemeinden zu stärken. Dem oft zu hörenden Vorwurf, dass Kirchengemeinden eher geschlossene Clubs oder Clübchen seien, ist entgegen zu halten, dass es zwar freilich diesen Club-Charakter in Gemeinden gibt, andererseits aber Kirchengemeinden wichtige öffentliche Formate anbieten und über eine Vielzahl von Gemeinwesenbezügen verfügen. Gerade mit der Breite an unterschiedlichen Sozialformen und Angeboten unterscheiden sich Kirchengemeinden doch deutlich von anderen zivilgesellschaftlichen Akteuren.

Dazu zählen Kooperationen mit den unterschiedlichen Einrichtungen des Gemeinwesens, Aktionen in der Nachbarschaft, das Aufgreifen und Begleiten von öffentlichen Anliegen und Themen des Stadt-

teils (von der Bereitstellung von Räumlichkeiten bis zur Rolle als thematische Vorantreiber), kulturelle Veranstaltungen und natürlich der Gottesdienst. All dies sind Zugangsmöglichkeiten zum „Netzwerk Kirchengemeinde". Wie intensiv dabei der Wunsch nach Zugehörigkeit entsteht, gesucht und gelebt wird, ist Geschmackssache. Ob eher lose Kontakte gesucht werden oder ein intensives Gemeinschaftsgefühl gewünscht wird, hängt von dem Einzelnen ab. Kirchengemeinden haben hier nicht nur unterschiedliche Formate, sondern auch unterschiedliche Interaktionsintensitäten zu bieten: von der passiven Teilnahme bis zur aktiven Beteiligung, von punktueller bis zur regelmäßigen Teilnahme.

Die evangelische Kirche mit ihrer volkskirchlichen Struktur ist eine „dezidiert gesellschaftsintegrative Kirche". [171] Für Kirchengemeinden ist es daher wichtig, eine gute Balance zwischen der *bridging-* und der *bonding-*Dimension sozialer Beziehungen zu ermöglichen. Konkret bedeutet dies Homogenität in einer Dimension, um in anderen Dimensionen Heterogenität zu ermöglichen. Eben dies passiert nicht von allein, sondern muss gewollt und angeleitet sein. Das Ziel der Gemeindearbeit muss es daher sein, dass sich die Vielfalt des Gemeindelebens nicht ausschließlich in Einzelgruppen – mehr oder weniger isoliert voneinander – vollzieht, sondern dass es hierbei „Kontaktdurchbrüche" gibt, dass ein Gemeinde-Netzwerk entsteht.

Aus Sozialkapitalsicht muss man nüchtern konstatieren, dass der gegenwärtige Trend von „milieuorientierter" Gemeindearbeit gerade zur Verhinderung von Integration führen kann. Denn Milieuorientierung meint meist Milieudifferenzierung und diese bedeutet letztlich schlicht Milieusegregation. Die Kirchengemeinde ist für die Gemeindemitglieder dann in dieser Hinsicht kein integrierender Ort mehr. Allenfalls könnten durch milieuorientierte Arbeit neue „Milieus" erschlossen werden – wenn dies denn überhaupt tatsächlich zutrifft – und die Gesamtgemeinde damit über ein größeres Milieuportfolio verfügt. Allerdings ist damit das brückenbildende soziale Kapital der einzelnen Gemeindeglieder noch nicht gestiegen.

Es braucht viel eher ein neues Nachdenken über Beteiligungsmöglichkeiten. Ein Großteil der Aufgaben in Gemeinden ruht auf wenigen Schultern: Für die Übernahme von Aufgaben werden immer wieder diejenigen angesprochen, die bereits Aufgaben übernommen haben. Die entsprechenden Personen partizipieren stärker und können dadurch ihr Sozialkapital weiter ausbauen, gleichzeitig bringt sich die Gemeinde damit um die Möglichkeit, andere Menschen einzubinden. Wenn vor allem diejenigen rekrutiert werden, die eh schon da sind, mag das zwar die bindende Dimension des Sozialkapitals der bereits Beteiligten steigern, führt aber auch dazu, dass Engagierte letztlich überfordert werden.

Hierin liegt eine doppelte Tragik vieler Kirchengemeinden: Die engagierten Vielleister werden, salopp gesagt, „verschlissen" und in innerkirchlichen Diskursen oft auch noch als milieuverengte Kerngemeindechristen diffamiert. Gleichzeitig vergibt eine Gemeinde die Chance, eine größere Zahl von Menschen einzubinden, als es möglich wäre. Denn Einbindung geschieht am besten über Beteiligung. Wer eine Aufgabe hat, die er sinnvoll findet, die ihm Freude macht und mit der er seine eigene Handlungsfähigkeit im Laufe der Zeit sogar noch erhöhen kann, fühlt sich gebraucht und ist identifiziert. Er oder sie kann so am gemeindlichen Sozialkapital partizipieren – und ist selbst ein Teil dieses Kapitals.

Beteiligung und Engagement in Kirchengemeinden bieten vor allem die Möglichkeit, Partizipation zu „üben". Damit stellen sie eine wesentliche Voraussetzung her, dass Teilhabe überhaupt möglich ist und Sozialkapital entstehen kann. Denn das Problem bei Partizipationsprozessen – gleich welcher Art, ob politisch, kulturell, religiös etc. – liegt in

einer sich verstärkenden Rückkopplungsschleife: „Wer sowieso schon hat, verschafft sich und seinen Interessen zusätzliches Gehör und wird von der Politik belohnt. Wer dagegen wenig hat, bekommt auch kaum Chancen, seine Interessen durch Partizipation kundzutun und wird von politischen Entscheidungsträgern daher regelmäßig ignoriert".[172] Dieses Phänomen ist allseits präsent und wird auch in Anspielung auf Matthäus 25,29 als „Matthäus-Effekt" bezeichnet: „Wer hat, dem wird gegeben"!

Dies hängt damit zusammen, dass man durch Partizipation bestimmte Fähigkeiten entwickelt, die man wiederum benötigt, um überhaupt partizipieren zu können. Anders gesagt: Man erfährt Befähigung, indem man sich stärker beteiligt – und man ist in der Lage, sich stärker zu beteiligen, weil man über die entsprechenden Fähigkeiten verfügt. „Befähigung durch Beteiligung" und „Beteiligung durch Befähigung" stellen – im positiven Sinne – einen Teufelskreis dar. Kirchengemeinden ermöglichen, meist en passant, das Üben von Partizipation und können so durchaus als Brutkasten für die Ausbildung zivilgesellschaftlicher Fähigkeiten gelten.[173] Es gilt also, Menschen in den Kreislauf von Befähigung und Beteiligung hineinzubringen.

In diesem Zusammenhang fällt oft das Schlagwort einer „Beteiligungskirche". Dabei geht es darum, „dass nicht einige wenige, sondern möglichst viele zu ihrer Arbeit beitragen".[174] In diesem Sinne hat Beteiligungskirche einen hohen Wert, und selbst dieses einfache Verständnis ist bereits schwer genug umzusetzen. Allerdings sollte das Schlagwort der Beteiligungskirche nicht als Frontstellung gegen eine „Versorgungs- oder Betreuungskirche" verwendet werden. Es macht wenig Sinn, eine pastorale Kasual- oder Sakraments-„Versorgung" schlecht zu reden. Auch sie bietet immer wieder Zugangsmöglichkeiten zur Kirche.

Aus der Perspektive des sozialen Kapitals stehen dann nicht mehr kirchliche Angebote im Vordergrund, sondern die eigentliche Leistung von Kirche besteht darin, Begegnungs- und Beteiligungsmöglichkeiten zu bieten. Aufgabe von Kirchengemeinden ist es, Menschen dabei zu unterstützen, ihr individuelles Sozialkapital aufzubauen. Gemeinden können Menschen die Möglichkeit geben, am kollektiven Sozialkapital der Gemeinde teilzuhaben.

Zwei Schwierigkeiten zeigen sich bei Beteiligungsprozessen: Kirchengemeinden sind aus Eigeninteresse stärker an dem Engagement von Menschen interessiert, die über eine gute Ressourcenausstattung verfügen beziehungsweise etwas beitragen können. Wer in dieser Hinsicht „zu gebrauchen" ist, findet leicht Zugang zum gemeindlichen Leben. Wer wenig anzubieten hat, wird von den Engagierten in den Gemeinden schnell als diakonischer Hilfefall wahrgenommen. An dieser Stelle wird aus dem kirchlichen Integrationswillen leicht ein unterschwellig ausgrenzender Mechanismus.

Bei Diakonie-Projekten in Kirchengemeinden (wie Tafeln, Kleiderkammern,...) scheint es de facto oft so zu sein, dass vor allem die Engagierten durch ihr Engagement ihre Kontakte weiter ausbauen und ihr Zugehörigkeitsgefühl stärken. Es wird aber immer wieder berichtet, dass es oft gerade nicht zu Kontakten und Beteiligung unter den Beteiligten kommt. Doch dann handelt es sich bei solchen Sozialprojekten im Grunde um unentgeltliche Serviceangebote, weniger um den Ausdruck von Gemeinde-sein. Sie erhöhen das soziale Kapital der Helfenden und vernachlässigen diesen Gesichtspunkt bei den Geholfenen. Dies ist die zweite Schwierigkeit bei gemeindlichen Beteiligungsprozessen. Die Frage ist daher: Gibt es auch eine echte Teilhabe derjenigen, denen das diakonische Engagement gilt?

Kirche besteht aus einer Vielzahl von Begegnungsgelegenheiten. Begegnungsmöglichkeiten, die einen gewissen brückenbildenden Effekt aufweisen, sind die, bei denen etwas Verbinden-des im Mittelpunkt steht, das die trennenden Rollen der Personen in den Hintergrund treten lässt. Begegnungen können beiläufig entstehen, sie können auch bewusst initiiert werden. Hier sollten sich Gemeinden nicht vorschnell von Schlagworten wie der gern zitierten Niederschwelligkeit leiten lassen. Denn so manches, was als niederschwellig bezeichnet wird, wird als ein verkrampftes Bemühen erlebt.

Kirchengemeinden sind selbst organisierte und daher recht autonome Einheiten. Allerdings darf nicht die ganze Energie in die Selbstverwaltung fließen, sondern das Prinzip der Selbstorganisation sollte gerade Energie freisetzen, die in das Verwirklichen und Umsetzen der Ideen und Ideale der Gemeinde fließen. Die Aufgabe der Gemeindeleitung erschöpft sich nicht in der Verwaltung der Gemeinde. Auch liegt die wesentliche Aufgabe der Hauptamtlichen weniger in der Gestaltung von Angeboten. Die Aufgabe beider liegt darin, „Kontaktdurchbrüche" zwischen den verschiedenen Angeboten und Formaten, zwischen den Menschen, die zu unterschiedlichen Sozialformen oder Beteiligungsintensitäten neigen, zu ermöglichen.

- **Soziales Kapital wahrnehmen, reflektieren, fördern: Zehn hilfreiche Fragen**

Eine Messung, wie „hoch" oder „niedrig" das Sozialkapital einer Kirchengemeinde ist, ist ein schwieriges Unterfangen. [175] Und dies aus zwei Gründen: Eine Kirchengemeinde ist ja gerade kein in sich klar zu definierendes Kollektiv (wie zum Beispiel ein Verein), oder einem territorial klar abgrenzbaren Raum (wie beispielsweise eine Gebietskörperschaft). Kirchengemeinden haben zwar Zentren und Ränder, aber keine festen Grenzen. Eine absolute Darstellung des Sozialkapitals, also eine exakte „Höhe", würde daher zum einen Laborbedingungen voraussetzen, die es bei Kirchengemeinden nicht gibt.

Zum anderen ist Sozialkapital ein zusammenge-
setztes Konzept, es besteht aus mehreren Indikatoren – mit unterschiedlichen Messgrößen: die
Anzahl von Kontakten, die Intensität von Beziehungen, die Eingebundenheit im Nahraum oder
der Grad an Zustimmung zu kooperationsfördernden Werten und Normen haben allesamt völlig
unterschiedliche Messgrößen. Man könnte natürlich einen zusammengesetzten Index bilden, doch
solch ein Index existiert für Deutschland nicht. [176]

Interessanter – und vor allem ergiebiger – ist die
Reflexion der Gemeindearbeit vor dem Hintergrund
der Sozialkapital-Idee. Dazu sind im Folgenden
zehn Reflexionsfragen formuliert, die im Laufe der
Studie entstanden sind. Die Fragen beziehen sich
auf die Kernbestandteile des Sozialkapitals und
sind pragmatisch einsetzbar.

[163] Fokusgruppe Großstadt.

[164] Roßteutscher 2009: 64.

[165] Expertengespräch 6.

[166] Lindner 2004: 131.

[167] Fokusgruppe Jugendarbeit.

[168] Expertengespräch 10.

[169] Hermelink 2011: 192.

[170] „A defining feature of being poor, moreover, is that one is not a member of – or is even actively excludes from – certain social networks and institutions", Woolcock 2001: 13.

[171] Hermelink 2011: 170.

[172] Roßteutscher 2009: 39.

[173] Vgl. Verba/Schlozman/Brady 1995: 603.

[174] Kirche mit Hoffnung 1998.

[175] Auch Putnam betont, dass grundsätzliche Aussagen über „mehr oder weniger Sozialkapital" kaum möglich sind; Putnam/Goss 2001: 29.

[176] Die Konstruktion eines solchen Indexes ist außerdem immer willkürlich, da die verschiedenen Größen nicht nur in eine vergleichbare Einheit transferiert sondern auch gewichtet werden müssten.

5 Zehn praktische Fragen für die Gemeindearbeit

Zivilgesellschaftliche Bedeutung der Kirchengemeinde

1) Wirst Du mich vermissen, wenn es mich nicht mehr gibt?

Welche Rolle spielt die Kirchengemeinde in der Zivilgesellschaft? Diese Frage ist sicherlich zu abstrakt, um sie konkret beantworten zu können. Etwas handfester wird die Sache, wenn man nach der Bedeutung der Gemeinde fragt, die sie über ihre Eigeninteressen hinaus hat. Eine einfache aber wirkungsvolle Frage ist: „Wirst du mich vermissen, wenn es mich nicht mehr gibt?" Gemeint ist damit natürlich die Kirchengemeinde. Die Aufgabe besteht darin zu überlegen, wer auf diese Frage mit „ja" antworten würde. Dies können einzelne Personen, bestimmte Gruppen oder auch Organisationen sein. Die konkreten Reflexionsfragen lauten dann:

- Wer würde etwas vermissen?
- Was genau würde derjenige vermissen?

2) Gemeindliche Infrastruktur als Engagement-Plattform

Kirchengemeinden bieten oft auch nicht-kirchlichen Gruppen und Initiativen einen Zugang zu ihrer Infrastruktur. Dies wird gelegentlich auch kontrovers diskutiert. Aber festzuhalten bleibt, dass sie ihre zivilgesellschaftliche Rolle hierdurch stärken können und zudem auch selbst von den entstandenen Kontakten und Kooperationen profitieren können.

- Stellen Sie die Infrastruktur Ihrer Gemeinde (Räumlichkeiten,...) anderen zivilgesellschaftlichen Gruppen zur Verfügung?

Wenn ja:

- Wem?
- Wie ist der Kontakt zustande gekommen?
- Stellen Sie Bedingungen? Welche?
- Bekommen Sie eine Gegenleistung? Welcher Art?

Engagement

3) „Wer hat, dem wird gegeben": Mehrfachengagement in der Gemeinde

Wie sind die Aufgaben in Ihrer Gemeinde auf die ehrenamtlichen Mitarbeitenden verteilt?

- Wie viele Ehrenamtliche haben genau eine Aufgabe?
- Wie viele Ehrenamtliche haben zwei oder drei Aufgaben?
- Wie viele Ehrenamtliche haben vier oder mehr Aufgaben?

In der sich anschließenden Reflexion geht es darum zu ergründen, was dies über Ihre Gemeinde aussagt. Kann man evtl. die Aufgaben anders verteilen? Und: Will man dies überhaupt?

Kirchengemeinde als Kontaktnetzwerk

4) Wie groß ist das gemeindliche Netz?

Machen Sie eine Liste mit den Namen derjenigen, die im Laufe des letzten Jahres Kontakt zu Ihrer Gemeinde hatten!

Diese Aufgabe klingt schwieriger als sie ist. Setzen Sie sich mit einigen Kirchenvorstehern / Presbytern, mit möglichst allen Mitarbeitenden, die eine Gruppe, einen Kreis oder ein Projekt leiten und mit allen hauptamtlichen Mitarbeitenden zusammen und nehmen sich ca. zwei Stunden Zeit. Tragen Sie dann alle Namen zusammen. Fotos von Gemeindeveranstaltungen (Gemeindefest, Laternenumzug, Frühstückstreff etc.) und der Veranstaltungskalender der zurückliegenden zwölf Monate sind gute Erinnerungshilfen.

Es geht nicht darum, dass die Liste hundertprozentig vollständig und korrekt ist. Bei dieser Aufgabe geht es um die Größenordnung ihres gemeindlichen Netzes und um die Wahrnehmung, zu welchen Anlässen Menschen Kontakt zu Ihrer Gemeinde haben. Oft entdeckt man beim Zusammentragen und Durchsehen der Liste, dass es bestimmte „Szenen" oder „Sphären" gibt. Das ist zunächst weder gut noch schlecht, wichtig ist, sich Klarheit darüber zu verschaffen, ob Ihnen dies bewusst ist, ob Sie dies wollen und was dies für das Gemeindeleben bedeutet.

5) Kontaktraum Gesamtgemeinde

Welche Gelgenheiten gibt es, bei denen sich die Gemeinde als Ganzes – oder zumindest zu einem Großen Teil – begegnen kann?

- Gibt es neben Gemeindefesten weitere organisierte Formen? Welche?

- Nutzen Sie die Möglichkeit, Gemeindeversammlungen einzuberufen, über das kirchenrechtlich vorgeschriebene Maß hinaus?

- Wo und wie begegnen sich die einzelnen Gruppen und Kreise?

Gemeindliche Sozialformen

6) Das Gemeindeportfolio

Listen Sie alle Aktivitäten und Angebote Ihrer Gemeinde auf! Schätzen Sie außerdem, wie viele Menschen hierüber erreicht werden!

Beurteilen Sie dann jedes einzelne Angebot bzw. jede einzelne Aktivität anhand der drei Dimensionen *Beteiligungsmöglichkeiten, Lebenslagen* und *Begegnungsqualität:*

- Welche *Beteiligungsmöglichkeiten* gibt es? Für wie viele Menschen gibt es Beteiligungsmöglichkeiten?

- Inwiefern zieht das Angebot/das Format Menschen aus *unterschiedlichen Lebenswelten und Lebenslagen* an? (Beschränken Sie sich hier auf einige wenige Merkmale! Nehmen Sie beispielsweise das Alter, die Lebenssituation oder den beruflichen Hintergrund, um dies grob abzuschätzen. Unterlassen Sie es, diese Menschen in Milieu-Schubladen zu stecken!)

- Wie schätzen Sie die *Begegnungsqualität* ein? Kommen Menschen miteinander in Kontakt oder bleiben sie eher „alleine in Gemeinschaft"?

7) Regelmäßigkeit und Projekthaftigkeit der Angebote

Machen Sie eine Liste, welche Angebote/Formate regelmäßig durchgeführt werden! Vermerken Sie dabei auch deren Frequenz und welche Angebote/Formate einen Projektcharakter haben!

Wie zufrieden sind Sie mit dem Ergebnis? An welcher Stelle wünschen Sie sich Veränderungen?

Gemeinwesenbezüge

8) Erfassung der Kooperationsbeziehungen

Erstellen Sie eine Übersicht der Kontakte und Kooperationen der Gemeinde zu/mit anderen Akteuren im Gemeinwesen. Dabei helfen Ihnen die vorgeschlagenen Kategorien. Kennzeichnen Sie, ob es sich um eine institutionelle Kooperation handelt oder um einen personellen Kontakt.

Kooperationen im

- Bildungssektor: allgemeinbildende Schulen, Volkshochschulen, Musikschulen,…

- kulturellen Sektor: Theater, Museen, Literaturbetrieb, …

- sozialen Sektor (über die Diakonie hinaus): Sozialprojekte, Initiativen, Angebote anderer Träger, …

- politischen Sektor: Kommunalverwaltung, Parteien (Ortsverbände), Gewerkschaften,…

- religiösen Sektor: katholische Gemeinden, freikirchliche Gemeinden, Synagogen, Moscheen.

9) Der gute Nachbar

Eine Möglichkeit, die Gemeinwesenbezüge bewusst zu entwickeln, bietet die folgende kleine Übung. Stellen Sie sich zunächst folgende Frage:

- Was erwarten Sie von einem guten Nachbarn?

Legen Sie nun diese Kriterien an Ihre Kirchengemeinde an! Ist die Gemeinde in ihrem Umfeld ein guter *institutioneller* Nachbar? Inwiefern (nicht) und warum (nicht)?

Kooperationsfördernde Werte

10) Gemeinde-Werte

Welche tatsächlich gelebten Werte wünschen Sie sich im gemeindlichen Miteinander?

Gibt es bestimmte „Do's & Don'ts" in Ihrer Gemeinde? Hierbei helfen Ihnen eventuell die Antworten auf die folgenden beiden Fragen:

- Wie muss man sich verhalten, damit man nicht bemerkt wird?

- Wie muss man sich verhalten, um „rausgeschmissen" zu werden?

Was sagen die Antworten über die Kultur Ihrer Gemeinde aus?

Literatur

Ahrens, Petra-Angela (2009): BeGeisterung durch Gospelsingen. Erste bundesweite Befragung von Gospelchören, Hannover.

Ahrens, Petra-Angela/Wegner, Gerhard (2012): Wie geht's der Kirchengemeinde? Die Kirchengemeinde-Umfrage des Sozialwissenschaftlichen Instituts der EKD, Hannover.

Becker, Dieter (2006): Die Kirche ist kein Supertanker, Zeitzeichen, H. 12, 12-14.

Bourdieu, Pierre (1983): Ökonomisches Kapital, kulturelles Kapital, soziales Kapital, in: Kreckel, Reinhard (Hg.): Soziale Ungleichheiten, Göttingen, 183-198.

Cnaan, Ram /Boddie, Stephanie /Yancey, Gaynor (2003): Bowling Alone but Serving Together. The congregational norm of community involvement, in: Smidt, Corwin (Hg.): Religion as Social Capital. Producing the Common Good, Waco.

Coleman, James S. (1991): Grundlagen der Sozialtheorie, Band 1: Handlungen und Handlungssysteme, München.

Delhey, Jan/Newton, Kenneth (2004): Determinanten sozialen Vertrauens. Ein international vergleichender Theorietest, in: Klein, Ansgar/Kern, Kristine/Geißel, Brigitte/Berger, Maria (Hg.): Zivilgesellschaft und Sozialkapital. Herausforderungen politischer und sozialer Integration, Wiesbaden, 151-168.

Diani, Mario (2004): How associations matter. An empirical assessment of the social capital-trust-voluntary action link, in: Prakash/Selle (Hg.): Investigating Social Capital, New Delhi, 137-161.

Diekmann, Andreas (2007): Dimensionen des Sozialkapitals, in: Franzen, Axel/Freitag, Markus (Hg.): Sozialkapital. Grundlagen und Anwendungen, Wiesbaden, 47-65.

Esser, Hartmut (2008): The Two Meanings of Social Capital, in: Castiglione, Dario/van Deth, Jan/Wolleb, Guglielmo (Hg.): The Handbook of Social Capital, Oxford, 22-49.

Fechtner, Kristian (2010): Späte Zeit der Volkskirche. Praktisch-theologische Erkundungen, Stuttgart.

Fine, Ben (2001): Social Capital versus Social Theory: Political Economy and Social Science at the Turn of the Millennium, New York.

Franzen, Axel/Freitag, Markus (2007): Einleitung. Aktuelle Themen und Diskussionen der Sozialkapitalforschung, in: Dies.: Sozialkapital. Grundlagen und Anwendungen, Sonderheft 47 der Kölner Zeitschrift für Soziologie und Sozialpsychologie, Wiesbaden.

Franzen, Axel/Pointner, Sonja (2007): Sozialkapital. Konsequenzen und Messungen, in: Franzen, Axel/Freitag, Markus (Hg.): Sozialkapital. Grundlagen und Anwendungen, Wiesbaden, 66-90.

Freitag, Markus/Traunmüller, Richard (2008): Sozialkapitalwelten in Deutschland. Soziale Netzwerke, Vertrauen und Reziprozitätsnormen im subnationalen Vergleich, Zeitschrift für vergleichende Politikwissenschaft, 2. Jg., 221-256.

Gabriel, Karl / Geller, Hartmut (2002): Ausblick: Entwicklungstrends in Kirchengemeinden, in Geller / Pankoke / Gabriel (2002), 361-389.

Gabriel, Oscar W. / Kunz, Volker / Roßteutscher, Sigrid/van Deth, Jan (2002): Sozialkapital und Demokratie. Zivilgesellschaftliche Ressourcen im Vergleich, Wien.

Gerechte Teilhabe (2006): Befähigung zu Eigenverantwortung und Solidarität, eine Denkschrift des Rates der Evangelischen Kirche in Deutschland zur Armut in Deutschland, herausgegeben vom Kirchenamt der EKD, Gütersloh.

Gittell, Ross / Vidal, Avis (1998): Community Organizing. Building Social Capital as a Development Strategy, Thousand Oaks.

Granovetter, Mark (1973): The Strength of Weak Ties, American Journal of Sociology 78, S. 1360–1380.

Grootaert, Christiaan / van Bastelaer, Thierry (2001): Understanding and Measuring Social Capital. A Synthesis of Findings and Recommendations from the Social Capital Initiative, The Worls Bank, Social Capital Initiative Working Paper 24, Washington.

Halpern, David (2005): Social Capital, Cambridge.

Hermelink, Jan (2011): Kirchliche Organisation und das Jenseits des Glaubens: Eine praktisch-theologische Theorie der evangelischen Kirche, Gütersloh.

Horstmann, Martin (2013): Studie zu ehrenamtlichen Tätigkeiten. Befragung von Ehrenamtlichen in evangelischen Kirchengemeinden, Texte aus dem SI, Hannover.

Huber, Wolfgang (1998): Kirche in der Zeitenwende, Gesellschaftlicher Wandel und Erneuerung der Kirche, Gütersloh.

Karle, Isolde (2010a): Kirche im Reformstress, Gütersloh.

Karle; Isolde (2010b): Kirchenreform im Spannungsfeld von normativer Ekklesiologie und Empirie, Praktische Theologie 45, H. 2, 105-115.

Karstedt, Susanne (2004): Linking capital. Institutionelle Dimensionen sozialen Kapitals, in: Kessl, Fabian/Otto, Hans-Uwe (Hg.): Soziale Arbeit und Soziales Kapital. Zur Kritik lokaler Gemeinschaftlichkeit, Wiesbaden, 45-62.

Keeley, Brian (2010): Humankapital. Wie Wissen unser Leben bestimmt, Bonn.

Kirche mit Hoffnung (1998): Leitlinien künftiger kirchlicher Arbeit in Ostdeutschland, im Auftrag des Kirchenamtes der EKD, hg. v. Helmut Zeddies, Hannover.

Knieling, Reiner: Männer und Kirche. Konflikte, Missverständnisse, Annäherungen, Göttingen 2010.

Kriesi, Hanspeter (2007): Sozialkapital. Eine Einführung, in: Franzen, Axel/Freitag, Markus (Hg.): Sozialkapital. Grundlagen und Anwendungen, Sonderheft 47 der Kölner Zeitschrift für Soziologie und Sozialpsychologie, Wiesbaden.

Leonard, Rosemary / Onyx, Jenny (2003): The relationship between formal and informal volunteering. A social capital framework.

Lindner, Herbert (2004): Gemeinde. Kirche am Ort. Ein Plädoyer, in: Pohl-Patalong, Uta (Hg.): Kirchliche Strukturen im Plural, Schenefeld, 125-132.

Lin, Nan (1999): Building a Network Theory of Social Capital, Connections 22, H. 1, 28-51.

Narayan, Deepa/Cassidy, Michael F. (2001): A Dimensional Approach to Measuring Social Capital: Development and Validation of a Social Capital Inventory, Current Sociology, March 2001, 49. Jg., H., 2, 59-102.

Nolte, Paul (2009): Religion und Bürgergesellschaft, Berlin

OECD (2004): Vom Wohlergehen der Nationen. Die Rolle von Human- und Sozialkapital, Paris.

Offe, Claus/Fuchs, Susanne (2001): Schwund des Sozialkapitals? Der Fall Deutschland, in: Putnam, Robert (Hg.): Gesellschaft und Gemeinsinn. Sozialkapital im internationalen Vergleich, Gütersloh, 417-514.

Pickel, Gert/Gladkirch, Anja (2011): Säkularisierung, religiöses Sozialkapital und Politik – Religiöses Sozialkapital als Faktor der Zivilgesellschaft und als kommunale Basis subjektiver Religiosität?, in: Liedhegener, Antonius/Werkner, Ines-Jacqueline (Hg.): Religi-

on zwischen Zivilgesellschaft und politischem System, Wiesbaden, 81-109.

Portes, Alejandro (1998): Social Capital. Its Origins and Applications in Modern Sociology. Annual Review of Sociology 24, 1-24.

Putnam Robert (1993): Making Democracy Work. Civic Traditions in Modern Italy, Princeton.

Putnam, Robert (1995): Bowling Alone. America's Declining Social Capital. Journal of Democracy 6, 65-78.

Putnam, Robert (2000): Bowling Alone. The Collapse and Revival of American Community, New York.

Putnam, Robert (2001): Social Capital. Measurement and Consequences, Canadian Journal of Policy Research 2, H. 1, 41-51.

Putnam, Robert / Goss, Kristin (2001): Einleitung, in: Putnam (Hg.): Gesellschaft und Gemeinsinn, Gütersloh, 15-43.

Roßteutscher (2009): Religion, Zivilgesellschaft, Demokratie. Eine international vergleichende Studie zur Natur religiöser Märkte und der demokratischen Rolle religiöser Zivilgesellschaften, Baden-Baden.

Schuler, Tom / Baron, Stephen/Field, John (2000): Social Capital. Critical Perspectives, Oxford.

Schuller (2006) Social capital as a concept in international policy analysis, in: Gehmacher, Ernst / Krosimayr, Sigrid / Neumüller, Josef / Schuster, Martina (Hg.): Sozialkapital. Neue Zugänge zu gesellschaftlichen Kräften, Wien, 44-61.

Seidelmann, Stephan (2012): Evangelische engagiert – Tendenz steigend, Sonderauswertung des dritten Freiwilligensurveys für die evangelische Kirche, Hannover.

Smidt, Corwin (2003): Religion as Social Capital. Producing the Common Good, Waco.

Traunmüller, Richard (2008): Religion als Ressource sozialen Zusammenhalts? Eine empirische Analyse der religiösen Grundlagen sozialen Kapitals in Deutschland, SOEPpapers on Multidisciplinary Panel Data Research 144, Berlin.

Verba, Sidney / Schlozman, Kay Lehman / Brady, Henry E. (1995): Voice and Equality. Civic Voluntarism in American Politics, Cambridge (MA) / London.

Westle / Gabriel (2008): Das Konzept des Sozialkapitals und Beiträge zentraler Klassiker, in: Dies. (Hg.): Eine Einführung, Baden-Baden, 11-40.

Westle, Bettina / Kunz, Volker / Roßteutscher, Sigrid (2008): Sozialkapital im internationalen Vergleich, in:

Westle, Bettina / Gabriel, Oscar (Hg.): Sozialkapital. Eine Einführung, Baden-Baden, 73-156.

Woolcock, Michael (2001): The Place of Social Capital in Understanding Social and Economic Outcomes, Canadian Journal of Policy Research, 2. Jg., H. 1, 11-17.

Wuthnow, Robert (2002): Religious Involvement and Status-Bridging Social Capital, Journal for the Scientific Study of Religion, 41. Jg., H. 4, 669–684.

Wuthnow, Robert (2003): Can Religion Revitalize Civil Society? An Institutional Perspective, in: Smidt, Corwin (2003): Religion as Social Capital. Producing the Common Good, Waco, 191-210.

Zmerli, Sonja (2008): Inklusives und exklusives Sozialkapital in Deutschland. Grundlagen, Erscheinungsformen und Erklärungspotential eines alternativen theoretischen Konzepts, Baden-Baden.

Kirchengemeinde als Akteur im Gemeinwesen. Ein Beispiel aus Hamm / Westfalen

Heike Park

Einleitung

Kirchengemeinden verfügen über bedeutende gemeinwesendiakonische Potenziale. Ziel dieser Studie ist es, den Blick für diese Potenziale zu schärfen und Kriterien zu ihrer Entfaltung zu entwickeln. Dies geschieht am Beispiel der Gemeinde St. Victor in Hamm / Westfalen. Im nächsten Kapitel wird auf das neue Nachdenken über Gemeinwesendiakonie eingegangen und die Idee der Gemeinwesendiakonie eingeordnet in den Kontext aktueller gesellschaftspolitischer Entwicklungen in der Bundesrepublik Deutschland. Im dritten Kapitel geht es um die theologisch-ökonomische Orientierung. Die theologischen Konzepte der Konvivenz [177] und der Compassion sowie das ökonomische Konzept des Vorsorgenden Wirtschaftens werden dargestellt und in gemeinwesendiakonischer Perspektive reflektiert.

Das vierte Kapitel – Beschreibung der St.-Victor-Gemeinde und ihrer diakonischen Aktivitäten – stellt die Kirchengemeinde vor und beschreibt die Entwicklungen, die sich in ihrem Handlungsfeld „Diakonie und gesellschaftliche Verantwortung" seit 2005 vollzogen haben. In diesen Entwicklungen sind Strategien gemeinwesendiakonischen Handelns erkennbar, die im fünften Kapitel – Analyse der St.-Victor-Gemeinde – detailliert anhand diakoniewissenschaftlicher Forschungsergebnisse untersucht werden. Auf dieser Basis werden dann die Aktivitäten der Gemeinde reflektiert, um Kriterien gemeinwesendiakonischen Handels beispielhaft zu erfassen und darzustellen.

Im siebten Kapitel geht es um die Rahmenbedingungen zur Entfaltung gemeinwesendiakonischer Potenziale von Kirchengemeinden. Was muss vonseiten der organisierten Diakonie und kommunaler Stellen gegeben sein, um gemeinwesendiakonische Programme in Kirchengemeinden umzusetzen? Im Anschluss daran wird erörtert, welche Rahmenbedingungen vonseiten des Kirchenkreises und der Landeskirche erforderlich sind, damit die Gemeinden ihre Potenziale nutzen können. Im letzten Kapitel geht es um Überlegungen zu einer neuen Rolle von Kirche und Diakonie, damit gemeinwesendiakonische Potenziale von Kirchengemeinden sich besser entfalten können.

Diese Studie ist im Rahmen des Masterstudiengangs am Institut für Diakoniewissenschaft und DiakonieManagement der Kirchlichen Hochschule Wuppertal/Bethel entstanden. Ich danke Gerhard Wegner und Renate Giesler vom SI der EKD für die redaktionelle Bearbeitung des Textes.

---

[177] Der Begriff „Konvivenz" stammt aus Lateinamerika und bezeichnet dort eine Form der auf Gegenseitigkeit beruhenden Nachbarschaftshilfe in eher dörflichen Strukturen.

1 Neues Nachdenken über Gemeinwesendiakonie

Die Veröffentlichung des Positionspapiers *Handlungs-option Gemeinwesendiakonie* des Diakonischen Werkes der Evangelischen Kirche in Deutschland im Jahr 2007 hat neben bedeutenden praktischen Impulsen ein intensives Nachdenken über Gemeinwesendiakonie ausgelöst. [178] Eine Bestimmung des Begriffs und eine Skizze der Diskussion seit 2007 vergegenwärtigen im Folgenden das relativ neue Phänomen.

● **Begriff der Gemeinwesendiakonie**

Zur Klärung des Begriffs der Gemeinwesendiakonie beziehe ich mich auf die im Jahr 2010 veröffentlichte Studie des Sozialwissenschaftlichen Instituts der EKD mit dem Titel *Mutig mittendrin. Gemeinwesendiakonie in Deutschland*. [179] Sie bietet eine empirisch abgesicherte Begriffsbestimmung der Gemeinwesendiakonie und besticht darin, dass sie ihren Gegenstand im Sinne einer *bottom-up*-Logik erforscht, um sich im Laufe des Untersuchungsprozesses immer mehr der Praxis und dann dem Begriff der Gemeinwesendiakonie zu nähern. [180]

Die Studie kommt zu dem Ergebnis, Gemeinwesendiakonie sei „eine Gestalt kirchlich-diakonischer Arbeit, die von Kirchengemeinden und Kirchenkreisen, von diakonischen Diensten und Einrichtungen gemeinsam getragen wird und in der mit weiteren Akteuren kooperiert wird. Sie nimmt den Stadtteil in den Blick, orientiert sich an den Lebenslagen der Stadtteilbewohner und öffnet sich so zum Gemeinwesen hin. Gemeinsames Handeln von verfasster Kirche und organisierter Diakonie setzt eine strategische Zusammenarbeit voraus, um Klienten-, Mitglieder- und Gemeinwesenorientierung in Balance zu bringen." [181]

Nach diesem Verständnis steht Gemeinwesendiakonie

– für eine Zusammenarbeit von Kirchengemeinden, Kirchenkreisen und Einrichtungen organisierter Diakonie, die sich anderen Akteuren im Sozialraum öffnet,
– für eine Orientierung an den Gegebenheiten des Gemeinwesens, also für die Gemeinwesen- oder Sozialraumorientierung des diakonischen Handelns,
– für ein strategisches Handeln der beteiligten Akteure.

Diese drei Aspekte bilden die wesentlichen Merkmale der Gemeinwesendiakonie. Sie werden im Folgenden unter Hinzuziehung weiterer Veröffentlichungen des DW und des SI der EKD erläutert.

Das *gemeinsame Handeln von verfasster Kirche und organisierter Diakonie* stellt in der Sicht der Studie des SI gleichsam die *conditio sine qua non* der Gemeinwesendiakonie dar: „Erst wenn kirchliche und diakonische Akteure gemeinsam Verantwortung vor Ort und für den Ort wahrnehmen, kann unseres Erachtens von Gemeinwesendiakonie gesprochen werden. Eine sozialräumliche (Neu-)Ausrichtung diakonischer Einrichtungen – ohne die Kirche – oder die Ausweitung des Gemeindeengagements in den Stadtteil – ohne die diakonische Dimension – sind in unserem Verständnis noch keine Gemeinwesendiakonie." [182]

Akteure aus dem Bereich von Kirche und Diakonie, die in der Gemeinwesendiakonie gemeinsam agieren, sind:

– Kirchengemeinden, die über ihre parochiale Struktur und ihre Gemeindeglieder im Gemeinwesen verankert sind,
– kreiskirchliche bzw. regionale Diakonische Werke, die ein wichtiges Bindeglied zwischen der professionellen Sozialarbeit der Diakonie und der Diakonie in den Kirchengemeinden bilden,
– unternehmerische Diakonie, die sich im Rahmen der Konversion von Anstalten und Ambulantisierung sozialer Hilfen zunehmend sozialräumlich ausrichtet und auch die weiterhin bestehenden großen, meist stationären Einrichtungen entsprechend gestaltet. [183]

In den Kriterien zum Aufbau von Gemeinwesendiakonie-Projekten des Thesenpapiers *Kirche mittendrin* aus dem Jahr 2009 wird das gemeinsame Handeln von Kirche und organisierter Diakonie als vernetzte Vielfalt der „protestantischen Familie" [184] verdeutlicht:

„Kirchengemeindliches Engagement, evangelische Einrichtungen, diakonische Dienste und kirchliche Werke am Ort gehören zusammen. (…) Verfasste Kirche und organisierte Diakonie initiieren und gestalten gemeinsam sozialräumliche Entwicklungspartnerschaften." [185]

Die *Gemeinwesenorientierung* des gemeinwesendiakonischen Handelns versteht die Studie *Mutig mittendrin* als „Ausrichtung der kirchlich-diakonischen Akteure auf das Gemeinwesen. Einerseits um dessen Ressourcen zu nutzen, andererseits um vor Ort Wirkung zu erzielen."[186]

Sie findet ihren Ausdruck zum einen darin, dass Ausgangspunkt und Zielsetzung gemeinwesendiakonischen Handelns *das Leben der Menschen im Gemeinwesen* ist. Es geht darum, Mitverantwortung für die Realisierung guter Lebensmöglichkeiten im Sozialraum zu übernehmen und einen Beitrag zum Wohlergehen seiner Menschen zu leisten.[187] Aus Sicht der Kirchengemeinde ist die Gemeinwesenorientierung darin beschrieben, dass die Parochie als Wohngebiet in den Blick genommen wird – mit allen Menschen, die dort leben, nicht nur mit den eigenen Mitgliedern.

Zum Andern zeichnet sich die Gemeinwesenorientierung diakonischen Handelns dadurch aus, dass es sich durch die Einbeziehung lokaler Ressourcen – Kooperation und Vernetzung mit verschiedenen lokalen Akteuren – zum Gemeinwesen hin öffnet. Aus der Vielzahl der möglichen nichtkirchlichen Kooperationspartner von Kirche und Diakonie im Gemeinwesen können beispielhaft genannt werden: Stadtteilbüros, Stadtteilkoordination und Quartiersmanagement, lokale Wirtschaft, Sportverbände, Kindertagesstätten, Familienzentren, Schulen, Selbsthilfegruppen, Wohnungsgesellschaften und Bauträger, Vereine, Initiativen bürgerschaftlichen Engagements und gegebenenfalls muslimische Gemeinden.

Horstmann und Neuhausen unterscheiden vier Arten von diakonischer und kirchlicher Kooperation:

- Kooperationstyp D+: Kooperationen von organisierter Diakonie und weiteren Akteuren im Gemeinwesen, allerdings ohne Einbezug kirchlicher Akteure.
- Kooperationstyp K+: Kooperationen von verfasster Kirche und weiteren Akteuren, allerdings ohne Einbezug von Akteuren der organisierten Diakonie.
- Kooperationstyp KD: Kooperationen zwischen verfasster Kirche und organisierter Diakonie, allerdings ohne weitere Akteure des Gemeinwesens. Kirche und Diakonie bleiben sozusagen *gemeinsam unter sich.*

- Kooperationstyp *KD+*: Kooperationen zwischen verfasster Kirche, organisierter Diakonie und weiteren Partnern im Gemeinwesen."[188]

Im Sinne der Begriffsbestimmung der Gemeinwesendiakonie aus *Mutig mittendrin* können nur Projekte des Kooperationstyps *KD+*, in dem sich kirchliche und diakonische Aktivitäten mit der Arbeit anderer Akteure verbinden, als Gemeinwesendiakonie bezeichnet werden. So nimmt gemeinwesendiakonisches Handeln Kommune, lokale Wirtschaft und Bürgergesellschaft bewusst in den Blick. Die Rolle, die Kirche und Diakonie dabei in der Kooperation mit anderen Akteuren im Sozialraum einnehmen, richtet sich nach den jeweiligen Gegebenheiten.

Gemeinwesendiakonisches Handeln ist *strategisches Handeln, weil es* nicht nur ein Handlungsansatz oder eine Methode ist wie etwa Gemeinwesenarbeit oder *Organizing*. Ebenso wenig besteht sie in mehr oder weniger zufällig entstandenen Stadtteilangeboten oder kurzfristigen Mitnahmeeffekten staatlicher Förderungsprogramme. Vielmehr ist gemeinwesendiakonisches Handeln Ausdruck kirchen- und diakoniepolitischer Willensbildung im Sinne einer bewussten Entscheidung, Mitverantwortung für das Wohlergehen der Menschen im Gemeinwesen zu übernehmen.

Gemeinwesendiakonie bedeutet für Kirchengemeinden die bewusste Entscheidung, in Kooperation mit Einrichtungen der organisierten Diakonie und anderen lokalen Akteuren Mitverantwortung für die Realisierung guter Lebensmöglichkeiten aller Menschen in ihrer Parochie zu übernehmen.

• Herausforderungen für Kirchengemeinden

So verstanden stellt Gemeinwesendiakonie eine zweifache Herausforderung für Kirchengemeinden dar. Diese bezieht sich zunächst auf die Zusammenarbeit mit Akteuren der organisierten Diakonie. Kirchenordnung und Diakoniegesetz der Evangelischen Kirche von Westfalen formulieren zwar ausdrücklich die Verpflichtung zu solcher Kooperation.[189] Weithin geschieht sie auch, beispielhaft sei hier an die Besuchsdienste der Ehrenamtlichen erinnert, in Altenzentren. Aufs Ganze gesehen besteht in Kirchengemeinden jedoch die Tendenz, diakonische Aufgaben an die Professionalität organisierter Diakonie zu delegieren. [190]

Die weitaus größere Herausforderung ist die Frage nach der Gemeinwesenorientierung des diakonischen Handelns der Kirchengemeinden. Diese besteht zum einen in der Vernetzung und Zusammenarbeit auch mit lokalen Akteuren, die nicht zum Bereich von Kirche und Diakonie zählen. Zum anderen besteht sie in der bewussten strategischen Entscheidung, daran mitzuwirken, dass es für alle Menschen in der Gemeinde gute Lebensmöglichkeiten gibt. [191] Ohne Zweifel tragen Kirchengemeinden viel dazu bei. Erinnert sei an Kindertagesstätten, Familienzentren, Seniorencafés und Einrichtungen offener Jugendarbeit. Paul-Hermann Zellfelder stellt dazu fest: „Durch das bloße Vorhandensein und das, was in einer Kirchengemeinde geschieht, hat sie eine gewisse gesellschaftsdiakonische Bedeutung allein schon durch ihr gemeindliches *Standard-Programm*." [192] Oft geschieht diakonisches Engagement jedoch ohne die *strategische* Zielsetzung, gute Lebensmöglichkeiten im Gemeinwesen gestalten zu wollen. Viele Kirchengemeinden nehmen ihre gesellschaftsdiakonische Bedeutung für das Gemeinwesen nicht einmal bewusst wahr.

Es ist eine theologisch-ökonomisch zu klärende Frage, ob die Kooperation auch mit nicht kirchlich-diakonischen Akteuren zu den diakonischen Aufgaben von Kirchengemeinden zählt. Unbestritten ist, dass Kirchengemeinden den Auftrag haben, „die Botschaft von der freien Gnade auszurichten an alles Volk". [193] Unbestritten ist, dass Kirchengemeinden teilhaben am diakonischen Auftrag der Kirche. [194] Unklar hingegen ist, ob dieser Auftrag auch *gemeinwesen*diakonisches Engagement von Kirchengemeinden beschreibt mit dem Ziel, für alles Volk gute Lebensmöglichkeiten zu realisieren. Ein Entwurf der Kirchenleitung der EKvW nennt im Handlungsfeld *Diakonie und gesellschaftliche Verantwortung* als Aufgaben von Kirchengemeinden folgende Punkte:

– Besuchsdienste
– individuelle Hilfen gestalten und vermitteln
– Kollekten
– interreligiöser Dialog vor Ort
– Bedarfsermittlung der sozialen Probleme am Ort
– prophetisches Wächteramt
– Kontakt zu gesellschaftlich relevanten Gruppen vor Ort." [195]

Die theologisch-ökonomische Orientierung wird der Frage nachgehen, ob dem Handlungsfeld *Diakonie und gesellschaftliche Verantwortung* auf der Ebene der Kirchengemeinde ein weiterer Punkt hinzuzufügen ist, dessen Formulierung lauten könnte:

– Kooperation mit diakonischen und gesellschaftlich relevanten Gruppen zur Realisierung guter Lebensmöglichkeiten am Ort.

- **Entwicklung der Gemeinwesendiakonie im gesellschaftspolitischen Kontext**

Der relativ neue Begriff Gemeinwesendiakonie taucht erstmals im 2007 veröffentlichten Positionspapier *Handlungsoption* des DW der EKD auf. Anlass für die Veröffentlichung des Papiers war das Bund-Länder-Programm „Stadtteile mit besonderem Entwicklungsbedarf – die Soziale Stadt" das seit 1999 sozialraumorientierte Maßnahmen zur Stadtentwicklung im nichtbaulichen Bereich fördert. [196] Das Positionspapier *Handlungsoption* geht in diesem Kontext davon aus, dass Kirchengemeinden, diakonische Einrichtungen und Dienste ein Potenzial zur Verfügung stellen können, „das die soziale Infrastruktur einer Stadt stärkt und das nachbarschaftliche Miteinander in den Wohnquartieren ausbildet. (...) Diakonische Gemeinde und gemeinwesenorientierte Diakonie ergänzen sich so zur *Gemeinwesendiakonie*, die nicht erst auf soziale Notlagen reagiert, sondern aktiv daran mitarbeitet, funktionierende Sozialräume zu gestalten und Notlagen präventiv zu verhindern." [197]

Obwohl es um die kirchliche Gemeinwesenarbeit in den neunziger Jahren des letzten Jahrhunderts still geworden war, [198] wurden die Überlegungen der *Handlungsoption* zur Initialzündung eines breiten diakoniewissenschaftlichen und kirchenpolitischen Diskurses um Gemeinwesendiakonie. Bereits 1998 hatte Theodor Strohm, damaliger Leiter des Diakoniewissenschaftlichen Instituts an der Universität Heidelberg, die Programmformel *Wichern drei* geprägt, [199] die darauf abzielt, „eine neue Balance zwischen den sozialstaatlichen Expertenkulturen und den auf freiwilliger Initiative und gemeinsamer Verantwortung beruhenden *Kulturen des eigenen Lebens* (Ulrich Beck) herzustellen." [200] *Wichern drei* steht für die Intention, Soziales und Solidarität nicht mehr im Wesentlichen auf öffentlich organisierte Hilfesysteme zu beschränken, sondern lebensweltlich mit der Bürgergesellschaft zu verschränken. Strohm spricht von einer „neuen Kultur des Sozialen".[201] Seine Überlegungen wurden bekannter, als sie in die Diakonie-Denkschrift der EKD *Herz und Mund und Tat und Leben* eingingen, die 1998 zum 150-jährigen Diakoniejubiläum publiziert wurde. Mit der Vorbereitung der Schrift war eine *Ad-hoc*-Kommission beauftragt, der Theodor Strohm vorsaß.[202]

Wolfgang Huber griff die Programmformel *Wichern drei* auf. Sie steht in seiner Sicht für eine neue Verhältnisbestimmung zwischen Gemeinde und Diakonie, in der die Verknüpfung beider praktische Gestalt gewinnen soll. Im Kern geht es „um den christlichen Beitrag zu einer Kultur der Barmherzigkeit in der Zivilgesellschaft".[203] Diese Forderung findet sich in dem Impulspapier *Kirche der Freiheit* wieder, das 2006 erschienen ist.[204] Damit wurde ein wesentliches Merkmal des gemeinwesendiakonischen Konzeptes, die Zusammenarbeit von Kirchengemeinden und organisierter Diakonie, in die kirchliche Öffentlichkeit und in den Reformprozess der Kirche eingeführt. In letzterem blieb es jedoch merkwürdig unbeachtet,[205] obwohl Hans-Jürgen Benedict, der das Projekt der Stadtteildiakonie des DW Hamburg begleitet hat – es entspricht im Wesentlichen der Idee der Gemeinwesendiakonie – entsprechende Hinweise gab.[206]

Weitere Entwicklungen, insbesondere das politische Interesse am Sozialraum, die integrierte Stadtentwicklungspolitik und die Konversion diakonischer Komplexeinrichtungen,[207] taten ein Übriges, sodass der Begriff der Gemeinwesendiakonie seit der Veröffentlichung des Positionspapiers *Handlungsoption* rasche Verbreitung in Diakonie und Kirche erfahren hat. Das DW der EKD veranstaltete seither jährlich Tagungen zum Thema, und es gibt verschiedene Forschungsprojekte.

September 2008: Konsultation Gemeinwesendiakonie: Kirche im Quartier. Gemeinwesen gestalten![208]

Die Tagung fand in Kooperation zwischen dem Burckhardthaus, der EKD und dem DW der EKD in der Henriettenstiftung Hannover statt. Fachverbände, Projekte, Kirchengemeinden und Experten nahmen an der Konsultation teil, um zu erkunden, wie die Kirche des Wortes durch quartiersbezogenes Handeln wirklich und ganz bei ihrer Sache ist. Unter anderem wurde das vom

Evangelischen Johanneswerk entwickelte Modell neuer quartiersnaher Versorgungsstrukturen vorgestellt.[209] Ebenfalls im Jahr 2008 startete das SI der EKD mit dem Forschungsprojekt zur Gemeinwesendiakonie, dessen Ergebnisse in der Publikation *Mutig mittendrin. Gemeinwesendiakonie in Deutschland* dokumentiert sind.

September 2009: Kiez, Quartier und Viertel – Kirche mittendrin[210]

Bei dieser Tagung handelte es sich um ein Impulsforum zur Gemeinwesendiakonie im Rahmen des *Forums 8* (Diakonie) der *Zukunftswerkstatt Kassel 2009* der EKD.[211]

Eine zwischenzeitlich gegründete Strategiegruppe Gemeinwesendiakonie des DW und des SI der EKD legte ein wegweisendes Papier mit dem Titel ,*Kirche mittendrin*' – *Kriterien zum Aufbau von Gemeinwesendiakonie-Projekten* vor.[212]

Januar 2010: Kirche findet Stadt. Zur Öffnung und Verantwortung von Kirche und Diakonie für das Gemeinwesen[213]

Auf dieser Tagung des DW der EKD kamen 120 Vertreterinnen aus Wissenschaft und Praxis zusammen, um die notwendigen Schritte zur Entwicklung guter Rahmenbedingungen in Kirche und Diakonie für Gemeinwesendiakonie zu bedenken. Einer der Schwerpunkte der Tagung war die Vorstellung der SI-Studie zur Gemeinwesendiakonie, ein weiteres war ihre theologische Reflexion.[214]

Mai 2010: Kirche mittendrin – Von der Gemeinwesendiakonie zum Community Organizing[215]

Diese Veranstaltung fand auf dem zweiten Ökumenischen Kirchentag in München statt und wurde gemeinsam von der neu eingerichteten *Netzwerkstelle Gemeinwesendiakonie* des DW der EKD und dem Referat Sozialräumlicher Arbeit des Deutschen Caritasverbandes verantwortet.

Seit Januar 2011: Das Ökumenische Forschungsprojekt ,Kirche findet Stadt'[216]

Zu Beginn des Jahres 2011 hat die Nationale Stadtentwicklungspolitik ein Forschungsprojekt ins Leben gerufen, das ebenfalls den Namen *Kirche findet Stadt* trägt.[217] Diese Entwicklung ist ein deutlicher Hinweis darauf, dass das gemeinwesendiakonische Handeln von Kirche und Diakonie vonseiten der Politik mit großem Interesse wahrgenommen wird. Ein ökumenischer Verbund, dem das DW der EKD, der Deutsche Caritasverband, das Kirchenamt der EKD, das Sekretariat der Deutschen Bischofskonferenz sowie die Geschäftsstelle der Evangelischen Akademien in Deutschland und der Leiterkreis der Katholischen Akademien angehören, verantwortet das Projekt. Es war zunächst für einen Zeitraum bis März 2013 vorgesehen, ist nun aber von der nationalen Stadtentwicklungspolitik verlängert worden.

Ziel ist, die zivilgesellschaftliche Bedeutung von Kirche und Diakonie zu klären. Das Projekt soll Aufschluss darüber geben, worin die Beiträge von Diakonie und Kirche zur sozial-kulturellen Ausgestaltung von Gemeinwesen bestehen, und wie sie die Weiterentwicklung der nationalen Stadtentwicklungspolitik zu fördern vermögen. Ferner lotet das Projekt bundesweit die Möglichkeiten neuer Ansätze und Formen institutioneller Zusammenarbeit zwischen Kirche und Kommune an der Schnittstelle Kirchengemeinde, Diakonie / Caritas und Bürgergemeinde aus.[218]

April 2011: Gemeinwesendiakonie. Kirche in der Mitte der Gesellschaft. Theologische Bestimmung des sozialen und diakonischen Engagements der Kirche im Gemeinwesen[219]

Die Kooperationstagung von EKD, SI und DW der EKD diente der theologischen Reflexion der Gemeinwesendiakonie und einer besseren Verankerung der Gemeinwesendiakonie-Bewegung im kirchlichen Reformprozess.[220]

Februar 2012: Wie viel Kirche braucht die Stadt? Moderne Subsidiarität und die diakonische Dimension der Kirchen im Gemeinwesen[221]

Diese Tagung wurde im Rahmen des Projektes *Kirche findet Stadt* unter Beteiligung bedeutender Vertreter der Kommunal- und Bundespolitik veranstaltet.[222]

Schließlich gehört in eine Skizze des neuen Nachdenkens über Gemeinwesendiakonie die Beobachtung, dass der gemeinwesendiakonische Impuls auch von den Diakonischen Werken auf der Ebene der Kirchenkreise beziehungsweise Regionen und Landeskir-

chen aufgenommen worden ist. Die Westfälische Konferenz 2011 des Diakonie Rheinland-Westfalen-Lippe e.V. stand unter dem Thema *Diakonie und Gemeinde gegeneinander – nebeneinander – miteinander?*[223] Jüngst hat das DW Rheinland Westfalen Lippe eine Handreichung für Presbyterien und Kirchenvorstände mit dem Titel *Diakonie in der Gemeinde* herausgegeben, das sich ausführlich dem Thema der Gemeinwesendiakonie widmet.[224]

Fazit

Die Skizze des Nachdenkens über Gemeinwesendiakonie seit 2007 zeigt, dass es sich hier um einen ökumenischen, sehr dynamischen und erfolgreichen Prozess handelt. Es herrschte Aufbruchstimmung. Die Praxisbeispiele, die sich im Rahmen der genannten Tagungen vorstellten, bestätigen dies. Allein auf den Aufruf zur Teilnahme an dem ökumenischen Forschungsprojekt *Kirche findet Stadt* meldeten sich 120 gemeinwesendiakonische Initiativen. Gemeinwesendiakonie ist eine basisdiakonische Bewegung. Sie wird vonseiten der Politik mit großem Interesse als möglicher Beitrag in der integrierten Stadtentwicklung wahrgenommen und birgt bedeutende Potenziale in der Entwicklung der Ökumene. Ihre Relevanz wird in Kirche und Diakonie zunehmend erkannt und reflektiert.

Das Interesse an Gemeinwesendiakonie steht im Zusammenhang vielfältiger gesamtgesellschaftlicher Herausforderungen. Zu nennen sind die Stichworte Demografie, Technologie, Globalisierung / Europäisierung und Säkularisierung. Sie bewirken einen tief greifenden und krisenhaften Wandel im Bereich von Politik, Wirtschaft und Gesellschaft.[225] Dieser wird mit Zuspitzung auf die Intention, die Rolle von Kirchengemeinden als Akteure im Gemeinwesen zu klären, in bewusster Komplexitätsreduzierung skizziert.[226]

Die gesellschaftliche Situation von Kirche und Diakonie ist ambivalent.[227]

Einerseits hat die Kirche im Kontext von Säkularisierung, Pluralisierung und Individualisierung der Gesellschaft einen deutlichen Verlust an öffentlicher und privater Bedeutung erfahren. Kirchlicher Einfluss auf das öffentliche Leben ist kaum mehr wahrnehmbar, beispielhaft seien hier die Streichung des Buß- und Bettages als Feiertag und die Ausweitung der Sonntagsarbeit genannt.

Im privaten Leben der Menschen sind Religion und Kirche nicht bedeutungslos. Sie werden meistens nur bei Bedarf, etwa in Krisen- und Notlagen, und bei biografischen Anlässen im Zusammenhang von Kasualien relevant. Das Schwinden des sozialen Kapitals in der Gesellschaft macht auch vor der Kirche nicht Halt. [228] Es wird spürbar in Einstellungen, die sich an Selbstdurchsetzung und individuellem Vorteil orientieren. Dazu gehört es auch, von Institutionen Gebrauch zu machen, ohne etwas Bedeutendes zu ihrem Erhalt und ihrer Erneuerung zu tun. Verschärft wird diese Entwicklung durch die Mobilität und Flexibilität der Gesellschaft, die einem großen Teil der erwerbstätigen Menschen in der Regel wenig Freiraum zu gesellschaftlichem, mithin auch zu kirchlichem Engagement lässt. Menschen, die ungewollt nicht am Erwerbsleben teilnehmen, gehören meistens zu Milieus, die in erheblichen emotionalen, kulturellen und sozialen Distanzen zur Kirche stehen. In ihrer Sicht hat man zwar unter bestimmten Bedingungen etwas mit der Kirche zu tun; es sind aber *die da oben*, die einem dort begegnen, zu denen man nicht gehört, und deshalb erwartet man nicht viel und engagiert sich auch nicht. Insgesamt ist die gesamtgesellschaftliche Haltung der Kirche gegenüber mit dem Stichwort *Indifferenz* zutreffend bezeichnet.

Andererseits nehmen Kirchengemeinden im lokalen öffentlichen Bewusstsein eine nicht unbedeutende Rolle ein. Dies wird deutlich an den Reaktionen auf Entwidmungen und Umnutzungen oder Abriss von Kirchengebäuden, die vom Protest bis zur Gründung von Bürgerinitiativen zum Erhalt von Kirchen reichen. Kirchengemeinden werden, anders als Kirche als Institution, Glaubwürdigkeit, Beheimatung im Ort und bürgerschaftliches Potenzial zugeschrieben. [229] Im Rahmen des Konzeptes der *neuen Subsidiarität* richtet sich auch das Interesse der Politik auf sie. Kirchengemeinden gelten als Motivationsquelle und Ort ehrenamtlichen Engagements, darin genießen sie in weiten Teilen der Bevölkerung ein hohes Ansehen.

Dies trifft ebenfalls für die Diakonie zu. Sie gilt gemeinsam mit der Caritas und anderen Wohlfahrtsverbänden als die Organisation, die Menschen in Notlagen beisteht.

Verbandliche und unternehmerische Diakonie stehen in der gegenwärtigen gesellschaftlichen Situation jedoch vor dem großen Problem der Ökonomisierung. Diese Entwicklung setzte Mitte der neunziger Jahre des letzten Jahrhunderts mit der Auflösung der bedingten Vorrangstellung der Träger der Freien Wohlfahrtspflege und der Ablösung des Selbstkostendeckungsprinzips ein. Die Gleichstellung von verbandlich und privatwirtschaftlich erbrachten sozialen Dienstleistungen zielt darauf ab, die Trägerlandschaft zu pluralisieren. So wird eine Konkurrenz verschiedener, nicht mehr Träger, sondern nunmehr Leistungserbringer initiiert, um deren Leistungsreserven freizusetzen und kostensenkende Effekte zu erzielen. So steht Diakonie derzeit in einer harten Konkurrenz auf dem sozialen Markt, und damit vor der Herausforderung, ihren Dienst „in praktischer Ausübung christlicher Nächstenliebe" unter den Bedingungen des Marktprinzips zu reorganisieren und auszuüben. [230]

Nicht nur die Probleme von Kirche und Diakonie sind durch politisch-ökonomische Entscheidungen mitverursacht. Erwerbsarbeit und Fürsorge, Mobilität und Beheimatung scheinen aus der Balance zu geraten. In der Folge stehen Kommunen vor der Aufgabe, ihre Stadtentwicklung mit der Kinder- und Jugendhilfeplanung und der Pflegeplanung sinnvoll abzustimmen. Angesichts des wachsenden Bedarfs an Transferleistungen an alte Menschen zur Finanzierung der Pflege und an einkommensarme Familien sehen sich viele Städte und Gemeinden bereits am Rande der Handlungsfähigkeit. Sie streichen die so genannten *freiwilligen Ausgaben* und sehen sich immer weniger in der Lage, ihre Aufgabe der öffentlichen Daseinsvorsorge in ausreichendem Maß zu erfüllen. Die Schließung oder Privatisierung öffentlicher Einrichtungen ist die Folge.

Dementsprechend sind die zunehmende Spreizung zwischen Arm und Reich, die wachsenden sozialen Unterschiede zwischen Erwerbstätigen und Hilfebeziehern, Menschen mit und Menschen ohne Migrationshintergrund in der Segregation der Städte ablesbar: Aufblühende Stadtteile existieren neben heruntergekommenen Vierteln, in denen der öffentliche Raum verwahrlost. Die Menschen dieser Stadtteile sind massiv benachteiligt. In Deutschland bestimmen Schichtzugehörigkeit und ethnisches Herkommen die gesundheitliche Versorgung, den Bildungserfolg, den gesellschaftlichen Aufstieg, Gesundheit und gar die Lebensdauer. Im Durchschnitt ist die Lebenszeit eines Menschen aus der gut situierten Mittelschicht um zehn Jahre länger als die eines Menschen aus prekären Verhältnissen. [231]

Hintergrund dieser gesellschaftlichen Entwicklungen sind politische und ökonomische Prozesse, die spätestens seit Mitte der siebziger Jahre des letzten Jahrhunderts aufgrund der eingangs erwähnten veränderten Rahmenbedingungen zu einem strukturellen Wandel im Gesellschaftsmodell der Sozialen Marktwirtschaft geführt haben. [232] Dieses war bis dahin stark an der Idee der (Verteilungs-)Gerechtigkeit orientiert; Ausdruck dessen war der progressive Ausbau des Sozialstaates. Nunmehr ist das Leitbild der Freiheit in der Gestaltung der Sozialen Marktwirtschaft dominant. Infolge der neoliberalen Wende in den Wirtschaftswissenschaften, die ebenfalls Mitte der siebziger Jahre einsetzte, wurde die kapitalistische Marktökonomie mit der Rationalität des *homo oeconomicus* mehr und mehr zum umfassenden Prinzip der Regulierung staatlicher Ordnungspolitik wie auch gesellschaftlicher Beziehungen. Man hat dies das neoliberale Projekt genannt, [233] das in der Terminologie der von Jürgen Habermas entwickelten Theorie des kommunikativen Handelns folgendermaßen beschrieben werden kann: Die Strukturen des ökonomischen Systems – Tausch, Interessenverfolgung und Orientierung auf den Handlungserfolg – bestimmen zunehmend die Lebenswelt und deren Strukturen der Kultur, der Gesellschaft und der Persönlichkeit. [234] Dem entspricht die oben skizzierte Ökonomisierung des Sozialen, insbesondere die Restrukturierung und der Rückbau des Wohlfahrtsstaates, an dessen Stelle der *aktivierende Staat* getreten ist. [235] Der Einzelne, Institutionen und die Zivilgesellschaft sollen zu mehr Eigeninitiative motiviert werden. In diesem Zusammenhang ist auch das neue politische Interesse an den Sozialräumen einzuordnen. Nicht mehr als Einzelfallhilfe, sondern in sozialräumlicher Gemeinwesenorientierung unter Einbeziehung bürgerschaftlichen Engagements soll soziale Hilfe geleistet werden und damit kostengünstiger sein. [236]

Dabei wird die Aktivierung der Zivilgesellschaft als Förderung einer neuen Subsidiarität und Intensivierung bürgerschaftlicher Partizipation an der Demokratie gesehen. Kritiker hingegen sehen lediglich eine Bemäntelung der negativen Folgen des neoliberalen Projektes, das die universale Ökonomisierung des gesellschaftlichen Lebens im Sinne der Marktökonomie und damit

auch den Abbau des Sozialstaates vorantreibt. Krisenhafte Entwicklungen, die in der Folge eintreten, sollen durch die Aktivierung der Zivilgesellschaft aufgefangen werden.

- **Zweideutigkeit gemeinwesendiakonischen Handelns**

Im Kontext der beschriebenen gesellschaftlichen Entwicklungen ist die Bedeutung der Gemeinwesendiakonie keineswegs eindeutig. Es stellen sich folgende Fragen:

Ist Gemeinwesendiakonie – in und mit der Zivilgesellschaft – ein Beitrag zur Stärkung des gesellschaftlichen Zusammenhalts durch Förderung von gerechter Teilhabe und von demokratischer Partizipation? Übernehmen Diakonie und Kirche Mitverantwortung für das Wohlergehen von Menschen, indem sie zur Realisierung guter Lebensmöglichkeiten im Sozialraum beitragen?

Oder stellt Gemeinwesendiakonie lediglich die kirchlich-diakonische Spielart der aktivierten Zivilgesellschaft dar, die Aufgaben übernimmt, die der ökonomisierte Wohlfahrtsstaat nicht übernehmen kann und will? Verschleiert Gemeinwesendiakonie auf diesem Wege gar die ökonomischen und politischen Ursachen gegenwärtiger gesellschaftlicher Krisen?

178 Im Folgenden wird das Positionspapier unter dem Stichwort *Handlungsoption* zitiert, und es werden die üblichen Abkürzungen DW und EKD benutzt.

179 Im Folgenden wird die Abkürzung SI der EKD benutzt. Zur Studie vgl. Horstmann/Neuhausen, Mutig mittendrin.

180 Vgl. zum Forschungsdesign der Studie: A.a.O., 9 ff.

181 A.a.O., 5.

182 Ebd.

183 Vgl. Degen, Diakonie im Kontext von Exklusion; Ders., Leben in Nachbarschaft.

184 Kirche mittendrin – Kriterien, 55 (These 3).

185 Ebd.

186 Horstmann/Neuhausen, Mutig mittendrin, 3.

187 Vgl. Kirche mittendrin – Kriterien, 55 (These 4).

188 Horstmann/Neuhausen, Suchet der Stadt Bestes!, 6.

189 Vgl. KO 57 m; 87, 2 e; Diakoniegesetz § 3, 3. Im Folgenden wird die Abkürzung EKvW gebraucht.

190 Vgl. Zitt, Auf der Suche, 209 f.

191 Hier klingt das vielfach diskutierte Thema des Verhältnisses von Christengemeinde und Bürgergemeinde an. Im Sinne einer bewussten Komplexitätsreduzierung diskutiere ich die theologische Fragestellung nicht weiter und folge Wegner, der festhält: „Die Kirchengemeinde ist als exemplarische Inszenierung christlicher Gemeinschaft stets zugleich Teil und Gegenüber des Sozialraumes, in dem sie wirkt. (...) das Verhältnis von Kirchengemeinde und Gemeinwesen stellt eine schöpferische Beziehung dar." Wegner 2012.

192 Zellfelder, Bedeutung, 67.

193 Barmen IV.

194 Vgl. KO 8, 2; Diakoniegesetz § 2 a.

195 Aufgaben und Ziele, 374.

196 Vgl. Handlungsoption, 7 ff.

197 Handlungsoption, 5; 25.

198 Zur Gemeinwesenarbeit vgl. Hinte, 2010.

199 Vgl. Strohm, Wichern drei und Huber, 2000, 8.

200 Strohm, Wichern drei, 21.

201 Der vollständige Titel der Veröffentlichung lautet denn auch: ‚Wichern drei' – auf dem Weg zu einer neuen Kultur des Sozialen.

202 Vgl. Herz und Mund und Tat und Leben, 43 – 47; 75.

203 Huber, 2000, 7.

204 Kirche der Freiheit, 81 – 83.

205 Vgl. Wegner, Enabling Churches, 213.

206 Vgl. Benedict, Barmherzigkeit, 40 f.

207 Zur integrierten Stadtentwicklungspolitik s.u., 92 f. Zur Konversion diakonischer Komplexeinrichtungen s.u., 89 f.

208 Vgl. Konsultation Gemeinwesendiakonie.

209 Vgl. Krolzik, Neue quartiersnahe Versorgungsstrukturen, 10 – 21.

210 Vgl. Kirche im Aufbruch, 35 – 37.

211 A.a.O., 35.

212 Kirche Mittendrin – Kriterien, 55.

213 Vgl. GEP, Kirche findet Stadt.

214 Vgl. GEP, Kirche findet Stadt, 24 ff und 31 ff.

215 Vgl. Horstmann, Stichwort Gemeinwesendiakonie, 46.

216 Vgl. Kirche findet Stadt.

217 Presseinformation; Kirche findet Stadt, Pilotprojekt 2.

218 Zum Forschungsdesign des Projektes vgl. a.a.O.

219 Vgl. GEP, Kirche in der Mitte der Gesellschaft.

220 Vgl. Coenen-Marx, Begrüßung, 4.

221 Vgl. Wie viel Kirche braucht die Stadt?

222 Vgl. a.a.O. Es handelte sich um Hans Schaidinger, OB der Stadt Regensburg und Stellvertreter des Präsidenten des Deutschen Städtetages sowie Frank-Walter Steinmeier, Vorsitzender der SPD-Bundestagsfraktion.

223 Vgl.: DW RWL: Internetauftritt, Dossiers und Debatten.

224 Vgl. Diakonie in der Gemeinde, 36 ff.

225 Vgl. Krolzik, Die neue diakonische Führungsgeneration, 4.

226 Siehe auch Becker, Perspektiven der Diakonie, 26 ff und 66 ff; Coenen-Marx, Nächstenliebe; Landeskirchenamt, Die Soziale Marktwirtschaft ethisch weiterdenken.

[227] Vgl. Kirche mit Zukunft, 51.

[228] Siehe auch den Beitrag von Martin Horstmann in diesem Band.

[229] Vgl. Haas, Unternehmen für Menschen, 283.

[230] Satzung des Diakonie Rheinland-Westfalen-Lippe e.V., 1.

[231] Vgl. Coenen-Marx, Nächstenliebe, 5.

[232] Vgl. Landeskirchenamt, Die Soziale Marktwirtschaft ethisch weiterdenken, 18 ff; Becker, Perspektiven der Diakonie, 74 ff.

[233] Vgl. Mayer, Das Konzept des Sozialkapitals, 593 f.

[234] Vgl. Habermas, Die neue Unübersichtlichkeit, 189 f; Biesecker/Kesting, Mikroökonomik, 159 ff.

[235] Vgl. Becker, Perspektiven der Diakonie, 79 ff.

[236] Vgl. Haas, Unternehmen, 272 ff.

2 Theologisch-ökonomische Orientierung

Eine Antwort auf diese Fragen ist nicht allein in theologischer Perspektive zu finden. Vielmehr müssen ökonomische Aspekte mitberücksichtigt werden. Deshalb soll eine theologisch-ökonomische Orientierung klären, ob es zur Aufgabe von Kirchengemeinden gehört, zur Realisierung guter Lebensmöglichkeiten für alle Menschen in ihrer Parochie beizutragen und dies nicht nur in Kooperation mit Akteuren der organisierten Diakonie, sondern auch mit anderen Akteuren der Zivilgesellschaft.

● **Theologische Orientierung**

Beginnend mit einer theologischen Perspektive ist zunächst festzuhalten:

Diakonie ist auf allen Ebenen kirchlichen Handelns, auch der Ebene der Kirchengemeinde, nicht weniger entscheidend als die Verkündigung des Wortes Gottes und die Verwaltung der Sakramente. Keinesfalls ist Diakonie nur eine Kür, auf die eine Kirchengemeinde unter Umständen verzichten kann, während ihr Handeln in Wort und Sakrament das Eigentliche, Unverzichtbare im Sinne des Pflichtprogramms darstellt. So ist immer wieder der Ruf laut geworden, Diakonie über den siebten Artikel des Augsburger Bekenntnisses hinausgehend als dritte nota ecclesiae zu verstehen. [237] Auch das Konzept der kirchlichen Grundvollzüge – Verkündigung, Liturgie, Diakonie und Gemeinschaft – beschreibt Diakonie als konstitutives Wesensmerkmal von Kirche und Gemeinde. [238] Festzuhalten ist: Die Dimension der Diakonie gehört konstitutiv zum Wesen einer Kirchengemeinde, und ihr diakonisches Handeln trägt die Verheißung der Christuspräsenz.

In der Vielfältigkeit gemeinwesendiakonischer Praxis gibt es keine einheitliche Theologie der Gemeinwesendiakonie. [239] Die erwähnte Kooperationstagung *Gemeinwesendiakonie. Kirche in der Mitte der Gesellschaft* hatte die theologische Bestimmung gemeinwesendiakonischen Handelns zum Thema. Unter anderem hat hier Wolfgang Gern entsprechende Überlegungen vom theologischen Denkmodell der Mitleidenschaft her entfaltet, Dierk Glitzenhirn bezog sich auf Theo Sundermeiers Konzept der Konvivenz. [240]

Konvivenz

Theo Sundermeier hat dieses Konzept bereits 1986 vorgelegt. Dessen Kern liegt in dem Verständnis des Zusammenlebens von Menschen in ihrer Unterschiedlichkeit als Vielfalt und Reichtum. In Aufnahme der Philosophie Emmanuel Lévinas geht Sundermeier davon aus, dass dieser Reichtum sich entfalten kann, wo die Fremdheit des Anderen stehen gelassen und ausgehalten wird, ohne die eigene Identität aufzugeben. Dort ereignet sich die Dynamik der Konvivenz.

Der Ursprung des Konzeptes liegt in der lateinamerikanischen Befreiungstheologie, die ihrerseits durch die Theo*praxis*, das gemeinsame Alltagsleben im Kontext lateinamerikanischer Basisgemeinschaften, inspiriert worden ist. Die konstitutiven Kriterien des Konzeptes sind die Option für die Armen und die drei Elemente der gegenseitigen Hilfe, des wechselseitigen Lernens und des gemeinsamen Feierns. Weiterhin ist die Idee der Missio Dei für Sundermeier wichtig: In Gottes Konvivenz mit den Menschen zielt seine Mission auf die Errichtung seines Schalom ab und: „Kirche gibt es nur, soweit sie sich in die Bewegung Gottes zur Welt einfügt. (...) Die Mitarbeit zur Errichtung des Schalom Gottes in der Welt ist der einzige Sinn der Kirche", [241] hält Sundermeier fest. Insofern ist die einzige Existenzform der Kirche *Kirche für andere*. Diesen von Bonhoeffer geprägten und Ernst Lange aufgenommenen Begriff eines Kirchenmodells der Pro-Existenz ersetzt Sundermeier jedoch durch den der Konvivenz. Denn das Denken von der Pro-Existenz her erliege allzu schnell der Gefahr, das Gegenüber nicht in seinem Subjektsein wahrzunehmen, sondern zum Objekt des Handelns zu machen. Ekklesiologisch tritt an die Stelle des *für andere* das *mit anderen* der Konvivenz.

Die Frage, wie die Wahrung der eigenen Identität im Konvivenz-Konzept zu denken sei, beantwortet Sundermeier folgendermaßen: „Einladung zur Konvivenz heißt nicht Aufgabe der eigenen Identität. Im Gegenteil, im konvivialen Zusammensein wird Raum zur Identitätsfindung gewährt, für alle Seiten. (...) Konvivenz ermöglicht, das Anderssein des anderen zu akzeptieren und zu respektieren. Indem man mit dem anderen lebt und bei ihm ist, ist man eben darin bei sich selbst. Mit dem Sein des anderen wird mein eigenes konstituiert und umgekehrt. Schöpferisches Zusammenleben wird ermöglicht, Liebe erkennbar."[242]

Das Konzept der Konvivenz in gemeinwesendiakonischer Perspektive

In der Sicht Theo Sundermeiers ist Gott konvivent mit den Menschen, daher kann sich im konvivialen Zusammensein von Menschen eine kreative Kraft ereignen, die das Leben und seine Strukturen in Richtung auf den Schalom Gottes zu prägen vermag.

Von diesen Überlegungen her ist deutlich, worin die Gründe einer Öffnung der Kirchengemeinde zum Gemeinwesen hin liegen: Weil Gott *etiam extra ecclesiam* wirkt und seine Konvivenz mit den Menschen an den Grenzen der *ecclesia* nicht endet,[243] hat diese allen Grund, ihm darin nachzufolgen und sich über ihre Grenzen hinaus zur Zusammenarbeit mit zivilgesellschaftlichen Akteuren zu öffnen. Vor allem aber hat sie Grund, in ihrer Parochie Orte zu schaffen und aufzusuchen, die konviviales Leben mit Menschen, die sich nicht zur *ecclesia* zählen, begünstigen.

Auch im Blick auf die Frage nach der Zusammenarbeit mit der organisierten Diakonie ergibt sich für die Kirchengemeinde folgende interessante Perspektive: Gerade weil Diakonie und Kirche strukturell verschieden sind und ihre je eigene Sprache haben, ist damit zu rechnen, dass sich in ihrer gemeinwesendiakonischen Zusammenarbeit konviviale Dynamik entfalten kann.

Sundermeier nennt weitere Faktoren für das Gelingen konvivialen Zusammenwirkens, die für gemeinwesendiakonisches Handeln von Kirchengemeinden relevant sind:

- Die Parochialstruktur der Einzelgemeinde, in deren Überschaubarkeit Intensivbeziehungen möglich sind,
- das Gemeindepfarramt, das – anders als Funktionspfarrämter – in den Lebenszusammenhang der Menschen eingebunden ist,
- eine Abwertung des Status des Pfarrers; die innere Leitung der Gemeinde übernehmen die Laien.

Compassion

Das Konzept der *Compassion* kann als ein modifizierender Aspekt des Konvivenz-Konzeptes betrachtet werden, der dessen diakonische Komponente schärft.

Compassion ist ein auf Universalität hin angelegtes Konzept.[244] Es ist im christlich-theologischen und im philosophischen Denken sowie im Denken anderer Religionen bedeutsam. Deshalb eignet es sich zur theologischen Orientierung der Gemeinwesendiakonie. Kirche und Diakonie können es in ihrem gemeinwesendiakonischen Handeln in der Kooperation mit religiös und weltanschaulich anders orientierten Akteuren gut kommunizieren. Sie können so einen Beitrag zum interreligiösen Dialog leisten sowie zugleich in der christlichen Motivation ihres eigenen Handelns erkennbar sein.

Üblicherweise wird im deutschsprachigen Raum das Wort *Mitleidenschaft* benutzt, um den Terminus *Compassion* aus dem philosophischen und theologischen Nachdenken im angloamerikanischen Bereich und in der lateinamerikanischen Befreiungstheologie wiederzugeben. In dieser Arbeit wird bewusst das Wort *Compassion* benutzt, denn der universale Charakter des Konzeptes kommt eher in einem englischen Wort zum Ausdruck. Zudem ist es in der Kommunikation gemeinwesendiakonischer Praxis verständlicher als das anspruchsvolle Wort *Mitleidenschaft*.

Das *Compassion*-Konzept umfasst zwei Dimensionen: Zum einen stellt es eine Kompetenz dar, die es vermag, politisch und ökonomisch strukturell verursachtes Leiden als solches – und nicht personalisiert – wahrzunehmen.[245] Zum andern schließt es eine spirituelle Dimension ein, die Hermann Steinkamp Berührbarkeit nennt, eine Antenne für die Not eines Menschen und das Widerfahrnis der Gottesbegegnung eben in dem Berührtwerden von dieser Not.[246] In dieser Dimension ist *Compassion* ein universales Konzept. Ihre Bedeutung für den Christen schließt „eine existentiell dichte Erfahrung des gleichen Phänomens durch andere, durch Nicht-Glaubende keineswegs aus! Man kann die Samaritererzählung (über die Grenzen der Religionen hinweg) als existentiell-spirituelle Sinn-Deutung von Erfahrungen / Widerfahrnissen interpretieren, die sich in Zusammenhängen gelebter Compassion ereignen",[247] und es wird deutlich, „dass wir Christen Compassion (auch) von anderen lernen können, von Türken und

Tunesiern, von Muslimen und Hindus. (...) Miteinander erfahren, dass Compassion kein christliches Sondergut ist, sondern ein Geschenk des Himmels an alle Menschen, die guten Willens sind (den Menschen seiner Gnade)! Compassion könnte uns Menschen in der Einen Welt stärker und nachhaltiger verbinden als Geld und Machtgier uns trennen." [248]

Im Folgenden wird das Konzept der Compassion in christlich-theologischer Perspektive auf die von Steinkamp genannten politischen und ökonomischen Implikationen befragt.

Johann Baptist Metz: Compassion als Weltprogramm des Christentums

In Deutschland wurde das Konzept der Compassion durch den 1997 erschienenen Essay *Mit der Autorität der Leidenden. Compassion – Vorschlag zu einem Weltprogramm des Christentums* von Johann Baptist Metz über kirchliche Kreise hinaus bekannt. [249] Metz fragt vor dem Hintergrund der Globalisierung nach einem „pluralismusverträglichen Universalismus, der mehr und anderes ist als ein Universalismus der Verfahrensweisen (...), der nicht völlig von allen Geltungsansprüchen entkleidet ist". [250] Einen solchen Universalismus, bedeutsam für alle Menschen, findet er in der Gottesrede der biblischen Tradition, sofern „sie in ihrem Kern eine für fremdes Leid empfindliche Gottesrede ist." [251]

Zwar hat sich das Christentum in seiner Geschichte schon sehr früh von einer primär leidempfindlichen zu einer primär sündenempfindlichen Religion gewandelt. [252] Dennoch bleibt es in seiner Tiefenstruktur von der Leidensempfindlichkeit seiner Botschaft geprägt; denn „Jesus kann sich über die Landschaft des Leidens nicht erheben, seine Mystik endet in einen (sic!) Schrei. Und die Wege der Nachfolge führen in die Compassion": [253] In einer gerechtigkeitssuchenden Compassion sieht Metz das Schlüsselwort für das Weltprogramm des Christentums im Zeitalter der Globalisierung und „die biblische Mitgift für den europäischen Geist" [254].

Dietrich Bonhoeffer: Teilnahme am Leiden Gottes

Geradezu unüberbietbar hat Dietrich Bonhoeffer den theologischen Kern eines Konzepts der Compassion in seiner späten Theologie herausgearbeitet, freilich oh-

ne den Begriff als solchen zu gebrauchen. Stattdessen spricht er vom Mitleiden. In den Textfragmenten aus der Haft in Tegel legt Bonhoeffer den Fokus von der Allmacht Gottes auf dessen Leiden an der gottlosen Welt. [255] In dieses Leiden Gottes werden Menschen hineingerufen, ja hineingerissen, sodass sie in ihrem Mitleiden mit den Leidenden teilnehmen am Mitleiden Gottes mit ihnen. Ausdrücklich betont Bonhoeffer, dass zu diesem Mitleiden die Tat gehört: „Wir sind nicht Christus, aber wenn wir Christen sein wollen, so bedeutet das, daß (sic!) wir an der Weite des Herzens Christi teilbekommen sollen in verantwortlicher Tat (...) und in echtem Mitleiden, das nicht aus Angst, sondern aus der befreienden und erlösenden Liebe Christi zu allen Leidenden quillt. (...) Den Christen rufen nicht erst die Erfahrungen am eigenen Leibe, sondern die Erfahrungen am Leibe der Brüder, um derentwillen Christus gelitten hat, zur Tat und zum Mitleiden." [256]

Emeka Christian Obiezu: Towards a Politics of Compassion

Die bisherigen Überlegungen zeigen, dass Compassion als ein Teilnehmen an Gottes Compassion mit den Menschen und der Welt verstanden werden kann. Und dies schließt Tat und Handeln ein, also Hilfe für die Leidenden. Weiterführend untersucht der nigerianische Theologe Emeka Christian Obiezu in seinem Werk *Towards A Politics of Compassion* das Konzept der Compassion auf seine sozio-politischen und ökonomischen Dimensionen hin. Dabei berücksichtigt er sowohl biblisch-theologische als auch philosophisch-ethische Überlegungen. Er bezieht sich auf Arbeiten von Matthew Fox, Martha Nussbaum und Jon Sobrino. [257]

Seine These lautet: „Compassion is at the center of the Christian tradition", und hat ihren tiefsten Grund in Gott, „in his vulnerability which is shown in his compassion for those who suffer". [258] Obiezus gesamtbiblisch orientierte Argumentationslinie setzt ein bei den Schriften des Alten Testaments und hält fest, dass Gott hier, anders als in der hellenistischen Tradition, sowohl des Leidens als auch des Mitleidens fähig gedacht wird.

Zentraler Aspekt zum Verständnis der Compassion Gottes in der Sicht des Alten Testamentes ist das Konzept des Mitseins oder der Solidarität. Es liegt bereits in der jahwistischen Exodus-Tradition vor, wird fortgeführt in der prophetischen Tradition und findet seinen höchs-

78

ten Ausdruck in der Inkarnation. Als Vollendung der Geschichte Gottes mit den Menschen zielt es auf die Überwindung des Leidens ab. [259]

Die politische Dimension arbeitet Obiezu heraus, indem er den Blick auf die Verkündigung und das Handeln Jesu richtet. „For Jesus, compassion is not just a matter of personal sentiment or a mode of relation that applied only between individuals: it is a social paradigm, the core value of live in community. In other words: compassion for Jesus is political." [260] Deutlich wird dies daran, wie Jesus die sozio-politischen Paradigmen seiner Zeit herausgefordert hat. Den Höhepunkt der Auseinandersetzung Jesu mit den sozio-ökonomischen und politischen Verhältnissen seiner Zeit sieht Obiezu in Jesu Wirken in Jerusalem. Hier kritisiert Jesus die Machtsysteme seiner Zeit: „political domination, patriarchy and family", [261] und setzt an die Stelle eines *leadership by domination* sein *leadership by service*. [262]

Insbesondere die paulinischen Gemeindegründungen haben diesen Aspekt der Jesus-Überlieferung aufgenommen und fortgeführt. Von seinen Ausführungen her sieht Obiezu das biblisch-theologische Konzept der Compassion als „a paradigm for shaping the political order. (...) In other words, compassion means, that a Christian cares for the helpless and the indigent, and is also concerned about the conditions which produce the need for charity. " [263]

Das Konzept der *Compassion* in gemeinwesendiakonischer Perspektive

Menschen werden universal – unabhängig von Weltanschauung und Religion – in das Mitleiden Gottes hineingezogen. Wobei diese Dynamik in christlicher Perspektive immer auch die Dimension umfasst, die Ursachen des Leidens zu beheben. Dies schließt gegebenenfalls die Arbeit an der Änderung politischer und ökonomischer Strukturen ein, sofern das Leiden in ihnen begründet ist. Der primäre Ort solchen Wirkens ist für Kirchengemeinden das Gemeinwesen ihrer Parochie. In der konvivialen Gemeinschaft der voneinander Lernenden werden Christen und andere Menschen hineingerissen in Gottes Compassion. Und die zielt darauf ab, Ursachen des Leidens zu beheben und zu überwinden.

Auch vom Konzept der *Compassion* her ergeben sich starke Impulse für gemeinwesendiakonisches Handeln von Kirchengemeinden. Die theologische Orientierung der Gemeinwesendiakonie am Konzept der Compassion macht darüber hinaus deutlich, dass dieses Handeln zum politischen Handeln wird, sofern politisch-ökonomisch bedingte Strukturen gute Lebensmöglichkeiten beeinträchtigen. Zudem ist das theologische Konzept der Compassion geeignet, um in den Interaktionen der gemeinwesendiakonischen Praxis die christliche Motivation der diakonischen und kirchlichen Akteure zu kommunizieren.

● **Ökonomische Orientierung**

Die theologische Orientierung hat die Herausforderungen der Gemeinwesendiakonie für Kirchengemeinden von den Konzepten der Diakonie als konstitutives Wesensmerkmal der Kirche sowie der Konvivenz und der Compassion her reflektiert. Dabei hat sich der Blick geweitet:

– Diakonisches Handeln steht unter der Verheißung der Christuspräsenz.
– Das Konzept der Konvivenz geht davon aus, dass konviviales Zusammenleben unter der Verheißung einer geistlichen Dynamik steht, die Menschen befähigt, das Leben in Richtung auf Gottes Schalom hin zu prägen.
– Das Konzept der Compassion beschreibt eine spirituelle Bewegung, in der Menschen in die Compassion, das Mitleiden Gottes, hineingezogen werden. Dies motiviert zur tätigen Nächstenliebe, die sich nicht nur um Hilfe für Leidende, sondern auch um Abänderung der Ursachen des Leidens im Horizont von Gottes Schalom bemüht.

Von der theologischen Reflexion her ergibt sich für Gemeinwesendiakonie die Verheißung einer spirituellen Dimension, die sich im Lebensraum des Gemeinwesens entfalten will. [264]

Die Reflexion des gesellschaftlichen Kontextes, in den Gemeinwesendiakonie eingebettet ist, hat jedoch die Zweideutigkeit gemeinwesendiakonischen Handelns herausgestellt: Es steht nicht nur unter der Verheißung der Mitwirkung am gelingenden Leben in der Perspektive von Gottes Schalom. Gemeinwesendiakonie steht auch in der Gefahr zu verschleiern, welche Ursachen guten Lebensmöglichkeiten entgegenstehen. Sie kann Gefahr laufen, ihr Ziel zu verfehlen.

Eine der wesentlichen Ursachen, die dem guten Leben entgegenstehen, sind ökonomische Entscheidungen, die der kapitalistischen Marktökonomie folgen. So ist es notwendig, zunächst im Rahmen einer ökonomischen Orientierung nach einer lebensdienlicheren Form der Ökonomie zu fragen. Und wie kann Gemeinwesendiakonie mitwirken, dass für die Menschen optimale Bedingungen herrschen?

Vorsorgendes Wirtschaften

Ein ökonomischer Ansatz, der sich emphatisch an dem Für-das-gute-Leben-Notwendige [265] orientiert, ist das Konzept des *Vorsorgenden Wirtschaftens.* In der ersten Hälfte der neunziger Jahre des letzten Jahrhunderts wurde es von feministischen Wissenschaftlerinnen entwickelt. Sie entfalten ihr Konzept von dem Begriff des Sorgens oder Carings her in dem umfassenden Sinn des Für- und Vorsorgens für sich selbst, für andere, auch für zukünftige Generationen und für die natürliche Mitwelt. Von daher ergibt sich eine Unterscheidung zwischen der Marktökonomie und der Versorgungsökonomie.

Die Marktökonomie ist von der vorherrschenden kapitalistischen Wirtschaftsweise geprägt, deren Rationalität unter dem Leitbild des *homo oeconomicus* darin besteht, möglichst viel Gewinn in möglichst kurzer Zeit zu erwirtschaften. Die Versorgungsökonomie bezieht sich auf die reproduktiven Prozesse des Lebens, sie wird im Bereich des Sozialen vornehmlich von Frauen geleistet, im Bereich des Ökologischen von der Natur.

In der kapitalistischen Wirtschaftsweise setzt die Marktökonomie zwar die von der Versorgungsökonomie erwirtschafteten sozialen und ökologischen Grundlagen im Bereich des Reproduktiven voraus und eignet sie sich zur Produktion an, sie bewertet sie aber nicht. Deshalb charakterisieren Kritiker die kapitalistische Marktökonomie als entbettete Ökonomie, und sehen in ihr die Ursache für die Krise des Reproduktiven: „Beide (scil.: Die Produktivität der Natur und der weiblichen Arbeit, des sog. Reproduktiven) werden nicht bewertet, aber gebraucht, denn die Wirtschaft hängt vollständig von ihnen ab. Ihre Leistungen werden unentgeltlich ausgenutzt, unbezahlt angeeignet. Und gerade das ist es, was

ökologische und soziale Lebensprozesse zerstört, was ökologische Krisen (Klima-, Energie-, Wasser-, Biodiversitätskrise z. B.) und soziale Krisen (wie Kinderarmut und Jugendkriminalität im globalen Norden oder Nahrungsmittelkrise in Ländern des Südens) systematisch hervorruft. (...) Zusammenfassend lässt sich die Einsicht in die systemische Struktur der aktuellen Krisen zugespitzt so formulieren: Dieses ökonomische System (scil.: der kapitalistischen Marktökonomie) basiert geradezu auf der Zerstörung sozialer und ökologischer Lebensprozesse! Es bringt systematisch nicht nachhaltige, nicht zukunftsfähige Produkte und Prozesse hervor!" [266]

Das Konzept des Vorsorgenden Wirtschaftens zielt darauf ab, die destruktive Dominanz der Marktökonomie über die Versorgungsökonomie zu beenden und vollzieht einen Paradigmenwechsel: Nicht mehr die Versorgungsökonomie wird im Sinne der Marktökonomie verzweckt. Umgekehrt wird die Marktökonomie aus der Perspektive des reproduktiven Bereichs bewertet und gestaltet, also von der Perspektive der sozial-weiblichen Tätigkeiten und der ökologischen Natur her. Damit ist die Marktökonomie nicht mehr Selbstzweck, sondern sie dient dem Sozialen und der Ökologie und ist wieder in das Ganze der Ökonomie eingebettet. Über den Zusammenhang von Marktökonomie und Versorgungsökonomie wird also das Prinzip des Carings, der Fürsorge und Vorsorge, als Prinzip in das Ganze der Ökonomie eingeführt. [267]

Die drei charakteristischen Handlungsprinzipien des Vorsorgenden Wirtschaftens sind:

Vorsorge statt Nachsorge
Menschen werden in ihrer Sozialität, für sich und andere sorgend, betrachtet. Wobei sich dieses Sorgen auch auf künftige Generationen und die natürliche Mitwelt erstreckt.

Kooperation statt Konkurrenz
Vorsorgendes Wirtschaften ist kooperativ, indem es in Verständigungsprozessen nach einem gemeinsamen lebensdienlichen Wirtschaften fragt und über das Prinzip der Verantwortung künftige Generationen und die Natur mit einbezieht.

Orientierung am Für-das-gute-Leben-Notwendige statt an Profit und Wachstumsraten
Vorsorgendes Wirtschaften zielt nicht auf Nutzen- und

Gewinnmaximierung einzelner ab, sondern darauf, ein gutes Leben für alle Beteiligten zu gestalten. Es wird nicht einseitig monetär bestimmt, sondern vieldimensional und vielfältig entwickelt, worin das gute Leben besteht. Denn in den Aushandlungsprozessen des Diskurses kommen sowohl die Norm- und Wertvorstellungen als auch die realen Lebensbedingungen, Bedürfnisse und Erfahrungen der Beteiligten zur Sprache. Daher bezeichnen feministische Wissenschaftlerinnen die Rationalität des Vorsorgenden Wirtschaftens auch als *praktische Rationalität*. Sie beruht nicht allein auf dem Denken, sondern auf den beiden Säulen des Denkens und des Fühlens (*emotionale Vernunft*).

- **Der ökonomische Ansatz des Vorsorgenden Wirtschaftens in gemeinwesendiakonischer Perspektive**

Insbesondere die drei Handlungsprinzipien lassen erkennen, dass das Konzept des Vorsorgenden Wirtschaftens eine der Gemeinwesendiakonie angemessene ökonomische Perspektive darstellt. Dass die Prinzipien der Vorsorge, der Kooperation und der Orientierung am *Für-das-gute-Leben-Notwendige* komplementär zum Konzept der Konvivenz sind, ist evident. Die Rationalität des Vorsorgenden Wirtschaftens, die emotionale Vernunft, weißt eine große Nähe zum Konzept der Compassion auf.

Ausgangspunkt der vorangegangenen Überlegungen zu einer lebensdienlichen Ökonomie war die Fragestellung, wie Gemeinwesendiakonie die Verheißung, am gelingenden Leben mitzuwirken, im Sozialraum entfalten kann. Dies ist möglich:

- wenn Diakonie und Kirche sich der marktökonomischen Ursachen der gesellschaftlichen Krisen bewusst sind, die gemeinwesendiakonisches Handeln herausfordern,
- wenn sie sich um eine der theologischen Bestimmung der Gemeinwesendiakonie angemessene ökonomische Perspektive bemühen, die hier im Vorsorgenden Wirtschaften gesehen wird,
- und wenn Kirche und Diakonie ihre theologisch und ökonomisch normativ begründeten Wertvorstellungen in die Diskurse um die Realisierung guter Lebensmöglichkeiten im Gemeinwesen einbringen,

womit auch die christliche Motivation ihres gemeinwesendikonischen Handelns erkennbar ist.

Indem Kirchengemeinden solche Diskurse initiieren oder daran teilnehmen, begeben sie sich in eine Suchbewegung. Sie übernehmen Mitverantwortung für das Wohlergehen der Menschen in ihrer Parochie und leisten einen Beitrag zur politischen Partizipation. Indem sie dabei die Quelle ihrer eigenen Motivation kenntlich machen, bezeugen sie den Glauben, das Vertrauen auf die Liebe Gottes zu den Menschen, und kommunizieren das Evangelium in die Weite ihres Sozialraums, also in die Weite des gesellschaftlichen und politischen Raums hinein. [268]

Da Kirchengemeinden in ihrem gemeinwesendiakonischen Handeln unter der Verheißung einer geistlichen Dynamik stehen, dürfen sie hoffen, dass die in Wort und Tat ausgerichtete Botschaft das Kraftfeld des Sozialraumes im Sinne der Liebe Gottes prägt. [269] Umgekehrt darf sich die Hoffnung darauf richten, dass die Wahrnehmung der Erfahrungen, Normen und Werte anderer Beteiligter zu einem vertieften Verständnis des Evangeliums in der Kirchengemeinde selbst führt. Insgesamt besteht eine berechtigte Hoffnung, dass die von Wolfgang Huber angesprochene Kultur der Barmherzigkeit in Gesellschaft *und* Kirche wachsen kann.

- **Fazit der theologisch-ökonomischen Orientierung**

Gehört Gemeinwesendiakonie in das Handlungsfeld Diakonie und gesellschaftliche Verantwortung von Kirchengemeinden? Diese Frage hatte sich aufgrund der Begriffsbestimmung der Gemeinwesendiakonie gestellt. Sie war modifiziert worden zu der Fragestellung, ob die Kooperation mit diakonischen und gesellschaftlich relevanten Gruppen zur Realisierung guter Lebensmöglichkeiten am Ort eine diakonische Aufgabe von Kirchengemeinden ist. Von der theologisch-ökonomischen Orientierung her sind diese Fragen zu bejahen. Darüber hinaus ist festzustellen, dass Gemeinwesendiakonie ein verheißungsvolles Handlungsfeld von Kirchengemeinden ist.

237 Vgl. CA VII und de Roest, Ko-Initiieren, 1 f.

238 Vgl. Haslinger, 169 – 175.

239 Vgl. Glitzenhirn, Gemeinwesendiakonie als Verwirklichung von Konvivenz, 228.

240 Konvivenz, abgeleitet aus dem lateinischen Wort convivere, meint so viel wie zusammenleben.

241 Sundermeier, 51.

242 Sundermeier, 51.

243 Vgl. Benad, 90 f.

244 Vgl. Rüegger/Sigrist,115 – 122.

245 Vgl. Steinkamp, 105 f.

246 Vgl. A.a.O., 109

247 Ebd.

248 A.a.O., 110. Vgl. auch Benad, 90 f.

249 Vgl. Metz, Compassion, 18.

250 A.a.O., 10.

251 A.a.O., 11.

252 Vgl. a.a.O., 12 und Metz, Gotteskrise, 84.

253 Metz, Compassion, 17.

254 A.a.O., 13.

255 Bonhoeffer, 394

256 A.a.O., 24.

257 Vgl. Obiezu, 29.

258 A.a.O., 18.

259 Vgl. a.a.O., 26 – 29.

260 A.a.O., 33.

261 A.a.O., 35.

262 Vgl. a.a.O., 35.

263 A.a.O., 38.

264 Vgl. Wegner, Nächstenliebe im Gemeinwesen, 8 und 15 f.

265 Vgl. Biesecker/Kesting, Mikroökonomik, 168 ff und Biesecker, Eine zukunftsfähige Ökonomie.

266 A.a.O., 3 f.

267 Vgl. a.a.O., 169.

268 Vgl. Lob-Hüdepohl, Starkes Wir, 263.

269 Vgl. Wegner, Nächstenliebe im Gemeinwesen, 15; Lob-Hüdepohl, Kirche werden im Sozialraum, 20 f.

3 Diakonische Aktivitäten der St.-Victor-Gemeinde

Die Parochie der St.-Victor-Gemeinde umfasst einen großen Teil des Stadtbezirkes Herringen in Hamm, der Stadt die zu einer der wirtschaftlich schwächsten Regionen Nordrhein-Westfalens zählt. Die Konfessionszugehörigkeit der Menschen im Stadtbezirk stellt sich folgendermaßen dar: 32 Prozent sind evangelisch, 28 Prozent römisch-katholisch, 41 Prozent gehören einer anderen Konfession an oder sind konfessionslos. Der hohe Anteil dieser Gruppe – im Bundesdurchschnitt sind es 26 Prozent [270] – ergibt sich aus der hohen Zahl ausländischer Mitbürger, die Mehrzahl von ihnen besitzt die türkische Staatsbürgerschaft. [271] Eine der muslimischen Gemeinden in der Parochie beabsichtigt, eine Moschee zu errichten. Das Vorhaben hat einen kontroversen Diskurs im Stadtteil ausgelöst.

Betrachtet man den Stadtteil Herringen aus der Perspektive des Sinus-Modells, [272] so ergibt sich folgendes Bild: Stark repräsentiert sind das Milieu der *Traditionsverwurzelten* (19 %) und die *Bürgerliche Mitte (34 %)*. Kaum eine Rolle spielen *Postmaterielle (1 %)*, *Moderne Performer* (1 %) und *Experimentalisten (3 %)*. Ähnliches gilt für die Gruppe der *Konservativen (1 %)* und *Etablierten (2 %)*. Dem Milieu der *DDR-Nostalgiker* gehören acht Prozent an. Die Milieus der *Konsummaterialisten* (17 %) und *Hedonisten* (14 %) sind in Herringen relativ überrepräsentiert. Dies lassen auch die verfügbaren Sozialdaten vermuten: 22 Prozent der Herringer Bevölkerung erhalten laufende Hilfe zum Lebensunterhalt oder befinden sich in diversen Maßnahmen des kommunalen Jobcenters. Der Stadtteil hat die geringsten Übergänge von der Grundschule an Realschule und Gymnasium. [273] Er gehörte bis zum Auslaufen des Bundesprogrammes *Stärken vor Ort* zu dessen Fördergebieten. [274] Im Gebiet der Parochie gibt es drei Quartiere, die als soziale Brennpunkte gelten. Es scheint, das haben Gespräche vor Ort ergeben, als ob der Stadtteil Herringen zunehmend von Segregation betroffen ist.

Zu den Themen der Kirchengemeinde gehören aufgrund der soziokulturellen Gegebenheiten:

– Förderung der gerechten Teilhabe der großen Gruppe benachteiligter Menschen,

– Förderung des interkulturellen Zusammenlebens in der Parochie,

– Förderung des Teilnahmeverhaltens der mittleren Generation, die weder über die Familienzentren noch über die Seniorenarbeit von der Kirchengemeinde erreicht wird.

Die Kirchengemeinde: Zahlen und Fakten

Zur Kirchengemeinde gehören 5.003 Menschen. Der Altersdurchschnitt liegt wesentlich über dem des Stadtteils. Seit mehreren Jahren sinkt die Zahl der Gemeindeglieder um durchschnittlich siebzig pro Jahr, im vergangenen Jahr war sie auffälligerweise gleichbleibend. [275] In der Kirchengemeinde arbeiten 192 Personen ehrenamtlich, 116 davon sind weiblich. Die Formen der Mitarbeit sind sehr unterschiedlich und umfassen Leitungsaufgaben, diakonische und praktische Aufgaben. Die hohe Anzahl der aktiv Mitarbeitenden ergibt sich aus dem Bemühen der Kirchengemeinde, niederschwellige Beteiligungsformen zu schaffen. Hauptamtlich sind neun Mitarbeitende in den Bereichen Küsterdienst, Friedhof und Außenanlagen, Verwaltung, Kirchenmusik und Pfarrdienst beschäftigt. 121 hauptamtlich Mitarbeitende in den Kindertagesstätten, im Altenzentrum St. Victor und im Diakonie-Zentrum stehen in einem anderen Anstellungsverhältnis.

Die Kirchengemeinde verfügt über ein zentral in der Ortsmitte gelegenes Gemeindezentrum, das in der Parochie städtebaulich relevant ist. Dazu gehören die St.-Victor-Kirche, ein Baudenkmal aus dem 12. Jahrhundert, das palaisartige Gemeindehaus aus den dreißiger Jahren des letzten Jahrhunderts mit dem benachbarten Jugendheim, [276] das Altenzentrum, das Familienzentrum und der ebenfalls im Ortskern gelegene evangelische Friedhof. In einem Quartier des Stadtteils, das nicht zur Ortsmitte gehört, befindet sich ein weiteres Familienzentrum. Die Kirchengemeinde bietet eine Vielzahl von Veranstaltungen an, wobei die Schwerpunkte auf dem Arbeitsbereich *Liturgie und Verkündigung* sowie dem Arbeitsbereich *Diakonie* liegen. Dies entspricht dem Leitbild der Kirchengemeinde mit dem Motto: *St. Victor –*

evangelisch, bunt, mitten im Dorf und den drei Leitsätzen:

1. *Wir sind eine einladende Gemeinde, die liebevolle Beziehungen zu Gott und den Menschen lebt.*
2. *Wir gestalten solche Beziehungen kraftvoll und spürbar und halten sie offen zugänglich.*
3. *Wir werben öffentlich, stellen uns transparent dar, berücksichtigen alle Altersgruppen und leben bleibende Gemeinschaften.*

Auf dieser Grundlage wurde die Strategie der Kirchengemeinde entwickelt, die zwei übergreifende Ziele beschreibt:

1. Menschen einen Sinnhorizont zu eröffnen, in dem sie sich in ihrem Leben als von Gott geliebte Menschen wahrnehmen können. Dementsprechend ermöglichen die Veranstaltungen im Arbeitsbereich *Liturgie und Verkündigung* eine kognitive und symbolische Vergewisserung der Liebe Gottes.
2. Menschen darin zu unterstützen, in liebevoller Beziehung zu Gott und zu Mitmenschen zu leben. Dementsprechend intendieren die Aktivitäten im Arbeitsbereich *Diakonie* die Vergewisserung der Liebe Gottes in der helfenden und solidarischen Zuwendung zu Menschen, die von Not betroffen sind. Zahlreiche Veranstaltungen aus dem Arbeitsbereich *Gemeinschaft* ergänzen diese Zielsetzung.

Die Kirchengemeinde verfügt über effektive und verlässliche Strukturen. Im Rahmen eines Leitbildprozesses wurden sie entwickelt und als Richtlinien schriftlich fixiert. Sie werden regelmäßig auf ihre Kongruenz zu den Prozessen im Gemeindeleben überprüft.

Diakonische Entwicklungen seit 2005

Das Presbyterium beabsichtigte 2005, einen Prozess der Leitbildentwicklung einzuleiten, da sich bei ehren- und hauptamtlich Mitarbeitenden ein Generationenwechsel vollzog. Zudem gab es Impulse durch den Reformprozess. Deutlich geworden war auch, dass das Presbyterium eine zukunftsfähige finanzielle Basis für die Gemeinde braucht. Letzteres ist durch verschiedene Maßnahmen in dem Zeitraum bis zum Jahr 2010 gelungen.[277] In den Jahren 2005 bis 2009 war die finanzielle Situation der Gemeinde angespannt.

Der erste Schritt der Leitbildentwicklung wurde mit der Teilnahme an der im Rahmen des westfälischen Reformprozesses initiierten Gemeindebefragung *Kirche fragt nach* getan.[278] Die Erwartungen der Gemeindeglieder waren vorrangig auf die Bereiche der Kasualien und der Diakonie gerichtet. Im Jahr 2006 beschloss das Presbyterium, den landeskirchlichen Dienst der Gemeindeberatung und Organisationsentwicklung in die Entwicklung des neuen Leitbildes einzubeziehen. Der Prozess dauerte bis zum Jahr 2008 und berücksichtigte die Ergebnisse der Gemeindebefragung *Kirche fragt nach*.[279] Das nächste Ziel der Kirchengemeinde war die Durchführung eines sozialen Projektes. Erste Überlegungen im Kreis der Mitarbeitenden bezogen sich auf eine Bestandsaufnahme der bereits bestehenden diakonischen Arbeit:[280]

– Die Gemeinde sammelt Kollekten und gibt sie an Bedürftige weiter.
– Der presbyteriale Ausschuss für Diakonie und Mission bildet ein Forum für den Austausch über diakonische Themen und koordiniert diakonische Aktivitäten.
– Die beiden Kindertagesstätten respektive Familienzentren sind im Bereich Bildung und Erziehung sowie in der Bemühung um armutssensibles Handeln aktiv.[281]
– Im kirchlichen Unterricht wird auf armutssensibles Handeln geachtet.[282]
– Die Frauenhilfe sammelt Kollekten und führt die jährliche Diakoniesammlung durch. Sie unterhält einen Besuchsdienst für ihre Mitglieder.
– Die Kirchengemeinde betreibt in Kooperation mit dem Evangelischen Perthes-Werk e.V. das Evangelische Altenzentrum St. Victor mit achtzig Pflegeplätzen und 56 Wohneinheiten des Betreuten Wohnens.
– Auf dem Gebiet der Kirchengemeinde sind die Diakoniestation Hamm-West und eine heilpädagogische Tagesgruppe des Diakonie Ruhr-Hellweg e.V. angesiedelt, an beide Einrichtungen werden Räumlichkeiten der Gemeinde kostengünstig vermietet.
– Halbjährlich stattfindende Gespräche mit der Bezirksvertretung des Stadtteils Herringen. (Handlungsfeld *Diakonie und gesellschaftliche Verantwortung*).

Der Kreis fasste vor diesem Hintergrund als sozialdiakonisches Projekt die Gründung eines Besuchsdienstes ins Auge und legte dem Presbyterium entsprechende Vorschläge vor. In erster Linie war an den Besuch alter und kranker Menschen in Zusammenarbeit mit dem Evangelischen Altenzentrum St. Victor und der Diakoniestation Hamm-West gedacht. Der Besuch neuzugezogener Gemeindeglieder und Besuche anlässlich von Geburtstagen, die nicht mit dem Besuch durch die Pfarrerin verbunden sind, waren weitere Optionen.

Dass es dann, anders als geplant, zur Gründung eines wöchentlichen kostenfreien Mittagstisches für Herringer Schulkinder kam, kann als ein *Ereignis von Compassion* bezeichnet werden.

Eine Frau, gut vernetzt im Stadtteil, traf jeden Morgen in der Bäckerei Kinder und Jugendliche, die sich etwas zu essen kauften. Die Frau hatte den Eindruck, dass den Schülern sehr viel mehr als nur ein Schulbrot fehlte. Es war dieser Impuls, der sie zu der Idee eines kostenfreien Mittagstisches inspirierte. Sie suchte nach Verbündeten und fand 19 Interessierte, fast zu gleichen Teilen evangelisch und katholisch, einige konfessionslos, gut vernetzt im Stadtteil Herringen, die zur Mitarbeit bereit waren. Sie richtete die Anfrage an die Kirchengemeinde, ob das Jugendheim genutzt werden könnte. Die Kosten sollten aus Spenden bestritten werden. Die Mitarbeitenden der Kirchengemeinde, insbesondere das Presbyterium, reagierten auf die Initiative der Frau irritiert. Die eigenen Überlegungen zum Projekt eines Besuchsdienstes waren schon vorangeschritten, man hielt das finanzielle Scheitern der Initiative für möglich und, so die Befürchtung, die künftigen Nutzer des Mittagstisches könnten enttäuscht werden und ein Imageschaden für die Kirchengemeinde die Folge sein. Zudem leuchtete die Sinnhaftigkeit eines Mittagstisches für Schüler nicht ein.[283] Irritierend war auch, dass die künftigen Mitarbeitenden des kostenfreien Mittagstisches sich nicht in der Kirchengemeinde oder der katholischen Pfarrgemeinde engagierten.

In einem mehrere Monate andauernden Prozess kam es zu der Entscheidung des Presbyteriums, das Projekt des Besuchsdienstes zugunsten des Projektes *Kartoffel-Kiste* zurückzustellen.[284] Wesentliche Impulse zu diesem Ausgang der Entscheidungsfindung gingen von folgenden Faktoren aus:

- Die heilpädagogische Tagesgruppe des Diakonie Ruhr-Hellweg e.V., lokal im Herzen der Gemeinde gelegen, hatte bereits häufig Kontakt mit armutsbedrohten Kindern.

- Durch die Umwandlung der Kindertagesstätte St. Victor in ein Familienzentrum im Jahr 2006 wurden die sozialen Probleme des Ortes verstärkt wahrgenommen. Es wurde zugleich deutlich, dass es im Umkreis von Kindertagesstätte und Kirchengemeinde bereits ein starkes Netzwerk gibt, das aktiviert werden könnte. Man gelangte zu dem Eindruck, dass das Projekt Kartoffelkiste gut in den Kontext eines Familienzentrums passen würde.
- Die Beschäftigung mit der landeskirchlichen Initiative gegen Kinderarmut *Lasst uns nicht hängen*. In Kooperation mit den Nachbargemeinden wurde auch ein Bürgerantrag an den Rat der Stadt Hamm zur Einführung eines *Sozialpasses* gestellt.

Das Presbyterium fasste dann den Beschluss:

- die Initiative *Kartoffel-Kiste* als diakonisches Projekt der Kirchengemeinde einzurichten, womit sie das Jugendheim kostenfrei nutzen kann und Bescheinigungen über Spenden ausgestellt werden können,
- notwendige kleinere bauliche Maßnahmen zu ergreifen,
- die Pfarrerin der Gemeinde mit der Begleitung und Öffentlichkeitsarbeit des Projektes zu beauftragen.

Zur Umsetzung des Beschlusses wurde ein Projektteam gegründet, bestehend aus Initiatorin, zwei Presbyteriumsmitgliedern und der Pfarrerin. Dieses Team leistete die operativen, strategischen und normativen Managementprozesse. Orientiert wurde sich dabei an dem Leitbild der Kirchengemeinde.[285] Entschieden wurde, dass folgende Regeln für die *Kartoffel-Kiste* gelten:

- Teilnahme an dem kostenfreien Mittagstisch ohne Nachweis etwaiger Bedürftigkeit,
- die Mahlzeiten werden *halal* zubereitet, sie entsprechen den muslimischen Speisevorschriften,
- beim Tischgebet werden alle einbezogen, es gibt nicht christologisch oder trinitarisch formulierte Gebete.

Die Kartoffel-Kiste wurde am 16. Oktober 2008 im evangelischen Jugendheim eröffnet und entwickelte sich rasant. Es sind 80 bis 130 Kinder und Jugendliche, die dort essen. Dies und der Umstand, dass die Protagonisten der Kartoffel-Kiste im Stadtteil gut vernetzt sind, sorgten für eine große Resonanz in der Öffentlichkeit. Die Stadtteilkoordinatorin, die zunächst skeptisch gegenüber dem Projekt war, regte an, dass ein Mitglied aus dem Leitungsteam der Kartoffel-Kiste in den lokalen Beirat des Förderungsprogramms *Stärken vor Ort* kommen soll. Einladungen der oppositionellen Fraktionen im Rat der Stadt Hamm zu Gesprächen über Kinderarmut, mit anschließender Pressekonferenz, folgten. Doch das Projektteam der Kartoffel-Kiste lehnte hier die Teilnahme ab, man wollte nicht parteipolitisch vereinnahmt werden.

Neben dem großen Zuspruch wurden auch kritische Stimmen in der Kirchengemeinde und ihrem Umfeld laut. Denn nicht nur bedürftige Kinder nutzten das Angebot. Auch sollte die Hilfe umfassender sein, beispielsweise sollten Bildungsmöglichkeiten verbessert werden. Die erste der kritischen Anfragen konnten die Mitarbeitenden aufgrund der im Vorfeld angestellten konzeptionellen Überlegungen, das Projekt von Segregation frei zu halten, überzeugend beantworten: „Unsere Kartoffel-Kiste soll keine Armenküche sein. Es soll für alle Kinder cool sein, in die Kartoffel-Kiste zu kommen!"

Die Frage nach einer umfassenderen Hilfe hatte sich den Mitarbeitenden bereits gestellt. Sie trafen Kinder und Jugendliche, die unzureichend ernährt waren, deren Kleidung in keinem guten Zustand war und die Bildungslücken zeigten. Es entstand der dringende Wunsch, diesen Kindern mehr zu bieten als den wöchentlichen Mittagstisch. Insbesondere den Mitarbeitenden, die auch dem Presbyterium angehören, stellte sich die Frage nach dem diakonischen Auftrag der Kirchengemeinde. Das Projekt war bereits über die Grenzen des Stadtteils Herringen hinaus bekannt, hatte eine unerwartet hohe Spendenbereitschaft hervorgerufen und immer mehr Engagierte wollten mitarbeiten. Zurzeit sind im Team 38 Männer und Frauen.

Ein weiterer Schritt, hin zur Gründung eines Diakonie-Zentrums, war die Erweiterung der heilpädagogischen Tagesgruppe des Diakonie Ruhr-Hellweg e.V... Es hatte bereits mit der ersten heilpädagogischen Tagesgruppe verschiedene Formen der Zusammenarbeit gegeben. Nun entstand die Idee zu einem Kooperationsprojekt zwischen Kirchengemeinde und Diakonie: *Diakonie-Zentrum St. Victor – Soziale Hilfen vor Ort*.

Ein Projektteam aus je einer leitenden Person des Diakonie Ruhr-Hellweg e.V., des Familienzentrums St. Victor, der Kartoffel-Kiste und die Pfarrerin der Kirchengemeinde kümmerte sich um die Realisierung. Das Team formulierte folgende strategische Ziele:

– Familien zu unterstützen und zu stärken,
– Kinder und Jugendliche zu fördern,
– sozialräumliche Netzwerke zur Hilfe und Förderung für Menschen mit sozialen Problemen zu bilden.

Im Blick auf die Strukturen der Kooperation wurde vereinbart, dass die Frage der Trägerschaft des Diakonie-Zentrums bewusst offen gelassen wird, um die jeweils situativ erforderliche Flexibilität zu wahren. Sowohl Diakonie Ruhr-Hellweg e.V. als auch Kirchengemeinde richteten je eine Haushaltsstelle ein, Maßnahmen mit einem Finanzvolumen ab 200 Euro werden abgestimmt, die Jahresabschlüsse werden einander zur Einsicht vorgelegt, eine Einsichtnahme ist jederzeit möglich.

Diese operativen Ziele wurden festgelegt:

– Das Jugendheim wird renoviert, adäquat ausgestattet und erhält den Namen Diakonie-Zentrum. Es wird weiterhin von den dort beheimateten Gruppen genutzt,
– das Diakonie-Zentrum erhält ein Logo, das dem Corporate Design der Kirchengemeinde entspricht,
– beginnend mit einer Gruppe für Kinder, die sich im Übergang zur Schule befinden, wird das Arbeitsfeld der Kinder- und Jugendarbeit für alle Altersgruppen ausgebaut,
– ein Patenprojekt zur aufsuchenden Familienhilfe für Familien mit Kindern bis zu sechs Jahren und Jugendlichen wird durchgeführt,
– eine Kleiderkammer wird eingerichtet,
– es wird ein Beratungsangebot geben zu den Themen Finanzen und Hauswirtschaft, Schwangerschaft(skonflikt), Gewalterfahrung (Frauen), Arbeit und Lernen,
– die Aktivitäten des *Diakonie-Zentrums* werden in der Öffentlichkeitsarbeit der Kirchengemeinde und des Diakonie Ruhr-Hellweg e.V. bekannt gemacht.

Bereits bestehende Angebote der Kooperationspartner werden fortgeführt:

– Treff für Alleinerziehende,
– die Kartoffel-Kiste und zwei Krabbelgruppen der Kirchengemeinde,
– die beiden heilpädagogischen Tagesgruppen im Rahmen flexibler Erziehungshilfen des Diakonie Ruhr-Hellweg e.V.

Die Kooperationspartner bringen Ressourcen in Form von fachlichen Kompetenzen pädagogischer, sozialarbeiterischer und theologischer Art, Zeitkontingente und Netzwerke in das Projekt ein. Die Kirchengemeinde stellt jährlich 10.000 Euro zur Verfügung, die leitende Mitarbeiterin des Diakonie Ruhr-Hellweg e.V. vor Ort übernimmt in enger Kooperation mit der Gemeindepfarrerin die Rolle einer Koordinatorin der diakonischen Arbeit der Kirchengemeinde.

Einige der Stakeholder (Interessen- und Anspruchsgruppen) des Projektes wurden während der Entwicklungsphase laufend informiert. Das Presbyterium begrüßte aufgrund der positiven Erfahrungen mit der Kartoffel-Kiste die Ausweitung diakonischer Aktivitäten in der Kirchengemeinde. Es stimmte dem Vorschlag zu, das Kooperationsprojekt Diakonie-Zentrum zu realisieren und mit dem genannten jährlichen Finanzvolumen auszustatten. Ebenso waren Vorstand des Diakonie Ruhr-Hellweg e.V., Superintendent und Verwaltungsleiter des Evangelischen Kirchenkreises Hamm informiert und gelegentlich beratend involviert worden. Alle unterstützten das Projekt. Die Unterstützung vonseiten des Kirchenkreises war nicht selbstverständlich, denn im Rahmen von Überlegungen zur Konzeption des Kirchenkreises gab es auch die Idee, in der St.-Victor-Gemeinde einen Schwerpunkt im Handlungsfeld *Gottesdienst, Kirchenmusik und Kultur* zu bilden. Die historische Bedeutung der St.-Victor-Kirche, die Besonderheit ihrer Orgel, die vor wenigen Jahren noch vorhandene B-Kirchenmusiker-Stelle und die hohe liturgische Kompetenz der Pfarrschaft hatten dazu inspiriert. Der Spendenbeirat des Aktion Lichtblicke e.V.,[286] begleitet vom Diakonie Rheinland-Westfalen-Lippe e.V., erkannte jedoch den Pilotcharakter, es ging schließlich um eine Zusammenarbeit zwischen organisierter Diakonie und Kirchengemeinden. Er gewährte eine Anschubfinanzierung in Höhe von 35.000 Euro. Im Mai 2010 wurde dann das Diakonie-Zentrum in Hamm feierlich eröffnet.

Die weitere Entwicklung:

– Für das Patenprojekt wurden Fördermittel über die Stadtteilkoordination beim Europäischen Sozialfond *Stärken vor Ort* beantragt und bewilligt. Anfangs nahmen zwölf Personen aus dem Gebiet der Stadt Hamm (überwiegend Stadtteil Herringen) an der Ausbildung teil. Acht konnten die Ausbildung abschließen. Über die Familienhilfe der Stadt Hamm kommt es zur Vermittlung von Patenschaften.
– Der Kontakt zur Stadtteilkoordination wurde institutionalisiert. Die für den Stadtteil Herringen zuständige Mitarbeiterin wird einmal im Quartal zu den Sitzungen des Projektteams *Diakonie-Zentrum* eingeladen.
– Die geplanten Beratungsangebote sind bis auf die Schwangerschafts(konflikt)beratung nicht zustande gekommen beziehungsweise wurden wegen mangelnder Teilnahme eingestellt. Stattdessen wurden zwei offene Beratungsangebote installiert, die je einmal wöchentlich stattfinden und von Familien aus dem Umkreis des Familienzentrums und des Diakonie-Zentrums genutzt werden.
– Ergänzend zu den Beratungsangeboten wurde das *Café Familia* vom Diakonie-Zentrum ins Leben gerufen, das an jedem letzten Mittwoch im Monat zu einem kostenfreien Frühstückstreff mit Bildungsangeboten oder kulturellen Angeboten einlädt.
– Das Spendenaufkommen der Kartoffel-Kiste war und ist unvermindert hoch, sodass sich die Frage nach einem weiteren Öffnungstag stellte. Angesichts der hohen Belastung der Mitarbeitenden wurde die Idee jedoch verworfen. Stattdessen finanziert die Kartoffel-Kiste einmal in der Woche ein Frühstück in der Sekundarschule des Stadtteils.
Da die Kirchengemeinde sich verpflichtet hat, die Spenden für die Kartoffel-Kiste ausschließlich zum Betreiben des kostenfreien Mittagstisches zu verwenden, wurde ein weiteres Projekt ins Leben gerufen, die Kartoffel-Kiste Extra. Dieses Projekt dient der Planung und (Mit-)Finanzierung von Bildungsmaßnahmen für Kinder und Jugendliche.
– Anstelle der Gruppe für angehende Schulkinder, die nur schleppend anlief und sich nicht hat etablieren können, bietet das Diakonie-Zentrum nun Musikunterricht an. Die Kirchengemeinde engagierte sich in dem landeskirchlichen Pilotprojekt *Erwachsen Glauben* und führte einen Glaubenskurs für diakonisch Interessierte und Engagierte durch.[287] Nur wenige der ehren- und hauptamtlich Mitarbeitenden des

Diakonie-Zentrums nehmen teil. Die Mehrzahl von ihnen reagiert mit Unsicherheit auf das spirituelle Angebot. Aufgrund der positiven Erfahrungen der Teilnehmenden wurde jedoch Interesse an einem weiteren Glaubenskurs bekundet.

Insgesamt fällt auf, dass den Mitarbeitenden des Diakonie-Zentrums spirituelle Impulse wie Andachten zu Beginn von Teamsitzungen, Gebete und Segenshandlungen wichtig sind. So fand am Vorabend der Eröffnung der Kartoffel-Kiste ein Gottesdienst in der St.-Victor-Kirche statt. Als deutlich wurde, welch eine rasante Entwicklung das Projekt nahm, wurde ein monatlicher Gottesdienst nach der Liturgie des monatlichen Fürbittengebetes des Kaiserswerther Verbandes ins Leben gerufen. Die Kleiderkammer ist mit einem christlichen Büchertisch ausgestattet. Die Nutzer dieser spirituellen Angebote nehmen ansonsten kaum an Aktivitäten der Kirchengemeinde im Bereich Gottesdienst und Verkündigung teil. Die St.-Victor-Gemeinde hat somit einen neuen Weg beschritten, das Evangelium zu verkünden.

– Die Stadtteilkoordination bittet die Kirchengemeinde, eine Vertreterin des Diakonie-Zentrums in die Jugendbezirkskonferenz des Stadtteils Herringen zu entsenden.

– Die Kleiderkammer, zunächst für die Kinder und Jugendlichen der Kartoffel-Kiste gegründet, hat sich zu einem großen Projekt entwickelt. Die Spendenbereitschaft aus dem gesamten Hammer Stadtgebiet ist so groß, dass Lagerungsprobleme entstanden. Die Kleiderkammer wurde auch von anderen Interessenten, insbesondere von den Bewohnern und Bewohnerinnen des benachbarten Altenzentrums St. Victor genutzt. Der Kirchengemeinde / Diakonie-Zentrum wurde die kostenfreie Nutzung des benachbarten Schulzenhofes angeboten, was diese dann auch für die Kleiderkammer nutzte. Diese Verlegung der Kleiderkammer in den Schulzenhof erwies sich als Glücksfall, weitere ehrenamtlich Mitarbeitende meldeten sich. Sie organisieren ein kleines Café. Die Kleiderkammer, die auch Haushaltsgegenstände in ihr Angebot aufgenommen hat, ist stark frequentiert. Auch nichtbedürftige Herringer nutzen sie als Treffpunkt. Dank der Spenden können die Nebenkosten

beglichen werden.

– Die Stadtteilkoordination richtet die Anfrage an die Kirchengemeinde, sich an einer Initiative zur Gründung eines Vereins zu beteiligen, der das interkulturelle Zusammenleben in den Stadtteilen Hammer Westen, Pelkum und Herringen fördert.

– Innerhalb des Diakonie Ruhr-Hellweg e.V. war es aufgrund von Restrukturierungsmaßnahmen und der längerfristigen Erkrankung des leitenden Mitarbeiters innerhalb des Projektteams zu einer Krise gekommen. Zwischenzeitlich hat der Diakonie Ruhr-Hellweg e.V. der Leiterin des Fachbereichs Jugend, Familie und Schule die Verantwortung für das Diakonie-Zentrum übertragen. Sie steht in engem Austausch mit der Gemeindepfarrerin und nimmt an den Sitzungen des Projektteams teil, das die Strukturen des Diakonie-Zentrums weiter gestaltet.

– Aufgrund der Nachfrage von Eltern des Familienzentrums und von Jugendlichen der Kartoffelkiste ist eine Hausaufgaben- und Lernhilfe, eingerichtet worden. Eine sozialpädagogische Mitarbeiterin der Diakonie Ruhr Hellweg e.V. und zwei Übungsleiter sind dort aktiv. Eine der Übungsleiterinnen ist muslimisch und verfügt über muttersprachliche Türkischkenntnisse. Das Projekt ist mit dem Erziehungs- und Bildungs-Projekt der Stadt Hamm zur individuellen Förderung von Kindern, Jugendlichen und Familien vernetzt. Zwölf Kinder und Jugendliche nehmen regelmäßig teil. Die Stadt Hamm ist jüngst als Modellkommune für das Projekt *Kein Kind zurücklassen,* das die Landesregierung Nordrhein-Westfalen und die Bertelsmann Stiftung auf den Weg gebracht haben, ausgewählt worden. Es handelt sich um ein Projekt präventiver sozialer Arbeit mit Kindern und Familien. An seiner Entwicklung wirken die örtlichen Wohlfahrtsverbände mit, so auch der Diakonie Ruhr-Hellweg e.V. Dessen Leiterin im Diakonie-Zentrum St. Victor hat in diesem Zusammenhang ein auf den Stadtteil zugeschnittenes Modell evangelischer Präventionsketten entworfen. Das Diakonie-Zentrum erfüllt hier eine Schnittstellen- und Koordinationsfunktion. In Gesprächen mit der Stadt Hamm wurden die Verankerung der Evangelischen Präventionsketten im Stadtteil und ihre Vernetzung mit einer Vielzahl von lokalen und fachkompetenten Akteuren über das Diakonie-Zentrum und die Kirchengemeinde als ein Vorteil bewertet. Es bestehen gute Chancen, auf eine institutionalisierte Zusammenarbeit im Bereich Familie und Jugend.

In der Vernetzung des Diakonie-Zentrums mit den verschiedenen Akteuren im Stadtteil Herringen ist die Idee entstanden, das Gemeindehaus der Kirchengemeinde zu einem Nachbarschaftszentrum zu entwickeln. Ein solches Zentrum kann auch als Versammlungsort für die Kirchengemeinde dienen. [288] Das Presbyterium verfolgt diese Idee und wird drei seiner Mitglieder und gegebenenfalls eine Mitarbeiterin des Diakonie Ruhr-Hellweg e.V. zu einer Fortbildung senden, um zu einer begründeten Entscheidung zu kommen und Erkenntnisse bei der anstehenden Renovierung des Gemeindehauses berücksichtigen zu können.

Die Beschreibung der Entwicklungen im diakonischen Handeln der St.-Victor-Gemeinde lassen erkennen, dass die Kirchengemeinde sich mehr und mehr für das Gemeinwesen geöffnet und ihre Bedeutung für das Gemeinwesen erkannt hat.

[270] Vgl.: Erwachsen Glauben, 91.

[271] Der Stadtteil hat mit 18,7 Prozent den höchsten Ausländeranteil aller Stadtteile in Hamm.

[272] Es handelt sich um Daten, die das Erzbistum Paderborn vom Sinus-Institut bezogen und der Katholischen Nachbargemeinde im Jahr 2009 zur Verfügung gestellt hat.

[273] Vgl.: Jahrbuch 2010, 82.

[274] Es handelte sich um ein aus dem Europäischen Sozialfonds (ESF) finanziertes Bundesprogramm unter der Regie des BMFSFJ. Im Rahmen von lokalen Aktionsplänen werden schwerpunktmäßig benachteiligte junge Menschen und Frauen mit dem Ziel sozialer, schulischer und beruflicher Integration unterstützt. Das Förderprogramm wurde 2011 beendet. Vgl. *Stärken vor Ort* und *ESF*.

[275] Eine der Ursachen liegt vermutlich in den Aktivitäten zum Jahr der Taufe, die zu einer Bereinigung der Gemeindegliederkartei und zu einer erhöhten Anzahl von Taufen geführt haben. Die Summe dieser Zugänge erreicht jedoch nicht die Zahl siebzig.

[276] Die Stadt beabsichtigt, das Gemeindehaus in ein Baudenkmal umzuwandeln. In entsprechenden Verhandlungen konnte erwirkt werden, dass diese Absicht erst nach der Renovierung des Gemeindehauses weiter verfolgt wird.

[277] Die Maßnahmen bestanden in der Reduzierung einer Pfarrstelle, der Umwandlung der B- in eine C-Kirchenmusikerstelle (50 % Dienstumfang), in der Erhöhung der Einnahmen durch den Verkauf einer großen Immobilie und die Einführung eines freiwilligen Kirchgeldes.

[278] Vgl. Kirche fragt nach.

[279] Die Länge des Prozesses erklärt sich durch die Umstrukturierungen während der Leitbildentwicklung.

[280] Der Mitarbeitenden-Kreis setzt sich aus Mitgliedern des Presbyteriums und ehren- und hauptamtlich Mitarbeiten in Leitungsverantwortung zusammen.

[281] Die Kosten für das Mittagessen der Kinder aus finanzschwachen Familien werden aus Diakoniemitteln bestritten.

[282] Beispiel: Finanzschwache Familien werden durch die Finanzierung der Unterrichtsmaterialien, der Teilnehmerbeiträge zu Konfirmandenfreizeiten und durch Zuschüsse anlässlich der Konfirmation unterstützt.

[283] Originaltöne aus der Diskussion: „In unserem Land bekommt jeder Unterstützung, um genug zu essen zu haben."

So etwas brauchen wir nicht." „Damit unterstützt man ja nur die Faulheit der Mütter."

[284] Zwischenzeitlich sind der *Besuchsdienst* und der *Initiativkreis Altenzentrum St. Victor* gegründet worden, dessen Mitglieder sich ehrenamtlich im Seniorenzentrum engagieren.

[285] Die ersten beiden Sätze des Leitbildes der Kirchengemeinde:

> 1. Wir sind eine einladende Gemeinde, die liebevolle Beziehungen zu Gott und den Menschen lebt.

> 2. Wir gestalten solche Beziehungen kraftvoll und spürbar und halten sie offen zugänglich.

[286] Vgl. Lichtblicke.

[287] Vgl. Erwachsen Glauben.

[288] Vgl. Thies, Integrierte Angebote brauchen einen Ort, 101f.

90

4 Gemeinwesendiakonische Analyse der Gemeinde

Im Folgenden geht es darum, die diakonischen Aktivitäten der St.-Victor-Gemeinde auf ihre gemeinwesendiakonischen Dimensionen hin zu analysieren. Von den Ergebnissen und der theologisch-ökonomischen Orientierung her sollen Grundlagen und Kriterien gemeinwesendiakonischen Handels am Beispiel der St.-Victor-Gemeinde erfasst werden.

• **Fünf Strategien gemeinwesendiakonischer Arbeit**

Innerhalb der basisdiakonischen Bewegung der Gemeinwesendiakonie sind unterschiedliche Entwicklungslinien erkennbar. Auf der Grundlage der empirischen Studien des SI der EKD identifiziert Martin Horstmann fünf Entwicklungslinien, die je einer gemeinwesendiakonischen Strategie folgen.[289] Jede Strategie entwickelt in ihrer Weise die gemeinwesendiakonische Idee, Mitverantwortung für die Realisierung guter Lebensmöglichkeiten der Menschen im Gemeinwesen zu übernehmen. Die Kenntnis dieser Strategien bildet ein Instrument zur Analyse, das kirchengemeindliche Diakonie darauf hin befragen kann, welches gemeinwesendiakonische Potenzial sie in sich birgt. Sie ist darüber hinaus ein Mittel, gemeinwesendiakonisches Handeln von Kirchengemeinden strategisch auszurichten. Horstmann beschreibt folgende Strategien:[290]

1. **‚Diakonische Kirche‘ – Schnittstellenmanagement von Kirche und Diakonie**[291]
   Ziel dieser Strategie gemeinwesendiakonischen Arbeitens ist die Vernetzung von diakonischen und kirchlichen Akteuren im Stadtteil, um eine Basis für die Zusammenarbeit mit weiteren Akteuren zu gewinnen. Die Vernetzung bezieht sich auf praktikable Modelle und Konzepte der Zusammenarbeit sowie auf Personen, die Zugang und Kompetenzen im kirchlichen und diakonischen Bereich haben.

2. **‚Hilfeleistungen quartierbezogen organisieren‘ – Klassische Hilfefelder gemeinwesenorientiert ausrichten**[292]
   Ziel dieser Strategie ist es, die klassischen Hilfefelder der organisierten Diakonie gemeinwesenorientiert anschlussfähig zu machen und damit umgekehrt das Gemeinwesen inklusiv befähigend

zu gestalten. Kontext dieser Strategie ist die Entwicklung, die im Bereich der diakonischen Unternehmen unter dem Stichwort *Konversion diakonischer Komplexeinrichtungen* diskutiert und umgesetzt wird. Sie ist Folge der auf dem Leitgedanken der Inklusion beruhenden Ambulantisierung und Sozialraumorientierung der Eingliederungs- und Altenhilfe. An die Stelle eines Lebens in der Sonderwelt von Heimen oder Anstalten soll das Leben im Gemeinwesen treten. Die dazu erforderlichen Prozesse der Verständigung und Kooperation von Kommune, diakonischen Trägern, Kirchengemeinden und Bürgergesellschaft setzen bedeutsame Potenziale zur inklusionsorientierten Gestaltung des Gemeinwesens frei.[293]

3. **‚Kirche findet Stadt‘ – Kirche und Diakonie als Mitgestalterin der (sozialen) Stadtentwicklung**
   Ziel dieser Strategie ist es, Kirche und Diakonie als zivilgesellschaftliche Akteure in den Netzwerken der Stadtentwicklung zu verankern und so einen Beitrag zur sozialen und kulturellen Entwicklung des Gemeinwesens zu leisten. Kirche, Diakonie und Kommune gehen Entwicklungspartnerschaften ein und schaffen tragfähige Strukturen und Kulturen der Zusammenarbeit zur Stadtentwicklung.

4. **‚Enabling Churches‘ – Kirche und Diakonie als echte Teilhabe-Förderer**[294]
   Ziel dieser Strategie ist es, dass „die Kirchen mittels ihrer Möglichkeiten Menschen zur ‚Inklusion‘ in die Gesellschaft verhelfen“.[295] Dabei geht es nicht nur um die individuelle Befähigung von Menschen, die von Exklusion betroffen sind. Vielmehr wirken Diakonie und Kirche gleichsam inklusiv befähigend auf das Gemeinwesen, indem sie ihre eigenen Institutionen inklusionsorientiert gestalten, selbst Inklusion leben und so zu echten Teilhabeförderinnen werden.

5. **‚Gesellschaftliche Diakonie‘ – Kirche und Diakonie als zivilgesellschaftliche Kraft positionieren**[296]
   Ziel dieser Strategie ist es, das zivilgesellschaftliche Potenzial und die zivilgesellschaftliche Funktion von Diakonie und Kirche über die reinen Trägerinteressen hinaus wahrzunehmen und zum

Wohl des Gemeinwesens auch in politischen Prozessen einzusetzen. Denn: „Die zivilgesellschaftliche Funktion von Kirche und Diakonie liegt brach, wenn sie nicht bewusst aufgegriffen und *bespielt* wird."[297]

Bei näherem Hinsehen sind die erste und die letzte der von Martin Horstmann beschriebenen Strategien keine gemeinwesendiakonischen Strategien im engeren Sinn, sondern Voraussetzungen gemeinwesendiakonischen Handelns.

Die zuletzt genannte Strategie der *Gesellschaftlichen Diakonie* bildet die mit der Definition von Gemeinwesendiakonie gegebene Zielsetzung ab, gemeinwesenorientiert Mitverantwortung für die Realisierung guter Lebensmöglichkeiten im Stadtteil zu übernehmen. Diese Zielsetzung hat eine politische Dimension, da die Realisierung guter Lebensmöglichkeiten im Stadtteil maßgeblich durch Strukturen mitbedingt ist, die auf politischen Entscheidungen beruhen. Aus der Perspektive einer Kirchengemeinde bedeutet dies: Sie muss Klarheit darüber gewinnen, ob es zu ihren Zielen gehört, zum Wohl aller auf gesellschaftliche Strukturen und politische Prozesse einzuwirken. Denn Gemeinwesenorientierung hat immer eine politische Dimension.

Die Strategie der Diakonischen Kirche bildet in Vernetzung und Schnittstellenmanagement die organisationale Voraussetzung für ein Zusammenwirken von Diakonie und Kirche: Einrichtungen organisierter Diakonie und Kirchengemeinde in einem Gemeinwesen müssen eine Organisationsform entwickeln. Um mit dem neuen St.-Galler-Management-Modell zu sprechen, es braucht eine Strategie, Strukturen und eine entsprechende Kultur, um gemeinsam gemeinwesendiakonisch wirken zu können. Umso besser wird dies gelingen, wenn die über Kirchengemeinde und Einrichtung hinausgehenden Handlungsebenen dieser Institutionen ebenfalls eine gemeinwesendiakonische Strategie verfolgen und durch entsprechende Ressourcen unterstützen. Im Kapital 7 wird noch auf diese Aspekte eingegangen.

Die Strategien zwei bis vier stellen je verschiedene, wenngleich komplementäre Profilierungen gemeinwesendiakonischen Handelns dar. Welche Strategie verfolgt werden kann, wird sich nach den Gegebenheiten in

einem Gemeinwesen richten und nach den Ressourcen, die in Einrichtungen organisierter Diakonie und in einer Kirchengemeinde vorhanden sind. Abschließend seien die gemeinwesendiakonischen Strategien zwei bis vier aus der Perspektive von Kirchengemeinden schlagwortartig formuliert:

2. Strategie: ‚Hilfeleistungen quartierbezogen organisieren' – Klassische Hilfefelder gemeinwesenorientiert ausrichten

Kirchengemeinden kooperieren gemeinwesendiakonisch[298], um die klassischen Hilfefelder in ihrer Parochie quartiersbezogen zu gestalten.

3. Strategie: ‚Kirche findet Stadt' – Kirche und Diakonie als Mitgestalterin der (sozialen) Stadtentwicklung

Kirchengemeinden kooperieren gemeinwesendiakonisch, um einen Beitrag zur sozialen und kulturellen Gestaltung ihrer Parochie im Rahmen der Stadtentwicklung zu leisten.

4. Strategie: ‚Enabling Churches' – Kirche und Diakonie als echte Teilhabe-Förderer

Kirchengemeinden kooperieren gemeinwesendiakonisch, um Menschen zur gerechten Teilhabe im Gemeinwesen zu verhelfen und einen Beitrag zur inklusiven Gestaltung des Gemeinwesens zu leisten.[299]

- **Die gemeinwesendiakonischen Strategien der St.-Victor-Gemeinde**

Eine Analyse der diakonischen Aktivitäten in der St.-Victor-Gemeinde aufgrund der fünf gemeinwesendiakonischen Strategien lässt Folgendes erkennen:

Ohne dies so zu benennen, hat in der Gemeinde eine Verständigung darüber stattgefunden, die Strategie der Diakonischen Kirche zu verfolgen: Im konvivialen Zusammenleben in der Parochie hat sich eine diakonische Praxis entwickelt. Hier ist die Idee entstanden, eine Kooperation mit dem Diakonie Ruhr-Hellweg e.V. zur Gründung eines Diakonie-Zentrums einzugehen, es sind erste Überlegungen zur Umsetzung dieser Idee angestellt worden. Diese wurden vom Presbyterium beschlussmäßig in Kraft gesetzt, Ressourcen bereitgestellt und die Strukturen der Zusammenarbeit vorläufig etabliert unter der Annahme, dass sie sich in der weiteren Zusammenarbeit schrittweise entwickeln müssen.

Eine Verständigung über die Strategie der Gesellschaftlichen Diakonie hat nicht stattgefunden. Vielmehr wurde den Mitarbeitenden im Arbeitsbereich Diakonie und dem Presbyterium erst in der Praxis zunehmend deutlich, dass die diakonischen Aktivitäten der Gemeinde eine politische Dimension im Sinne der gesellschaftlichen Diakonie haben. Das war spätestens der Fall, als entsprechende Anfragen vonseiten politischer Parteien an die Kirchengemeinde gerichtet wurden. Die deutliche Reaktion der Gemeinde war, sich nicht parteipolitisch vereinnahmen zu lassen. Die regelmäßigen Gespräche mit den Mitgliedern der Bezirksvertretung und der Bürgerantrag an die Stadt Hamm, einen Sozialpass einzuführen, zeigen jedoch die Bereitschaft der Kirchengemeinde, zur sozialen Entwicklung des Stadtteils beitragen zu wollen. Die Gemeinde handelt im Sinn der Strategie *Kirche findet Stadt* und positioniert sich als zivilgesellschaftliche Kraft.

Im Blick auf die Strategien zwei bis vier ergibt sich folgendes Bild:

Zwar ist ein großes Potenzial und dessen teilweise Nutzung im Sinne der zweiten Strategie „Hilfeleistungen quartierbezogen organisieren" vorhanden. Das Evangelische Altenzentrum St. Victor und die Diakoniestation Hamm-West haben die Option, gemeinsam mit der Kirchengemeinde die Ziele dieser Strategie zu verfolgen, zumal „die Stellen des Serviceintermediärs und des Sozialraumenablers" [300] im Ort noch nicht besetzt sind. Beide Einrichtungen befinden sich jedoch intern in einem organisationalen Wandel der Erneuerung.

Das deutlichste gemeinwesendiakonische Profil weisen die diakonischen Aktivitäten der Kirchengemeinde im Bereich der Strategie der Enabling Churches und der Strategie Kirche findet Stadt auf. Dieser Strategie entsprechen:

- die regelmäßigen Gespräche mit der Bezirksvertretung,
- die institutionalisierte Zusammenarbeit mit der Stadtteilkoordination,
- die Mitwirkung an der Planung der künftigen sozialen Arbeit der Stadt Hamm nach dem Modell kommunaler Präventionsketten,

- und die Überlegung, das Gemeindehaus in ein Nachbarschaftszentrum umzuwandeln.

Die Gründung eines Diakonie-Zentrums, das zur Inklusion benachteiligter Menschen in das Gemeinwesen beitragen will, entspricht der Strategie der Enabling Churches.

Im Folgenden werden die beiden Strategien detailliert dargelegt, um sodann die diakonische Praxis der St.-Victor-Gemeinde reflektieren zu können mit dem Ziel, die Grundlagen und Kriterien gemeinwesendiakonischen Handelns zu klären.

Kirche findet Stadt

Ziel der gemeinwesendiakonischen Strategie Kirche findet Stadt ist es, einen Beitrag zur sozialen und kulturellen Entwicklung des Gemeinwesens zu leisten. Kirche beziehungsweise Kirchengemeinden, Diakonie und Kommune gehen Entwicklungspartnerschaften ein und schaffen tragfähige Strukturen und Kulturen der Zusammenarbeit zur Stadtentwicklung.

Die Strategie geht davon aus, dass Kirche und Diakonie über Ressourcen verfügen, die ihnen das Potenzial zu Schlüsselakteuren in der Stadtentwicklung verleihen. So sind Kirchengemeinden in ihrer parochialen Verfassung räumlich und strukturell in ihrem Stadtteil und dessen Quartieren verankert, sie haben eine große Nähe zu den Bewohnern und deren Anliegen und Bedürfnissen. Sie sind ein Ort freiwilligen Engagements und leisten, zumeist in Zusammenarbeit mit diakonischen Trägern, konkrete soziale Arbeit im Stadtteil. Weithin jedoch nehmen sich Kirchengemeinden – und vielfach auch diakonische Träger in ihrer Angewiesenheit auf staatliche Refinanzierung – nicht als Schlüsselakteure der Stadtentwicklung wahr. Im Rahmen der Strategie „Kirche findet Stadt" geht es an dieser Stelle um einen Perspektivenwechsel, der die gemeinwesendiakonischen Potenziale von Diakonie und Kirche zur sozialen und kulturellen Stadtentwicklung bewusst in den Blick nimmt und in Kooperation mit der Kommune einsetzt.

Welch eine große Tragweite diese Strategie hat, wird deutlich, wenn sie im Kontext europäischer und nationaler Stadtentwicklungspolitik betrachtet wird.

Politischer Kontext der Strategie *Kirche findet Stadt*

Bund, Länder und Gemeinden haben sich im Rahmen der *Nationalen Stadtentwicklungspolitik* [301] auf einen integrativen Handlungsansatz verständigt, um damit eines der zentralen Anliegen der Leipzig Charta, dem wichtigsten Dokument aktueller europäischer Städtepolitik, umzusetzen. [302] Vor dem Hintergrund vielfältiger Herausforderungen durch Globalisierungsprozesse, zunehmende Polarisierung der Gesellschaft und dem demografischen Wandel zielt diese Charta auf den territorialen Zusammenhalt Europas ab und spricht dazu zwei Empfehlungen aus: Die Ansätze einer integrierten Stadtentwicklungspolitik stärker zu nutzen und den benachteiligten Stadtquartieren im gesamtstädtischen Kontext besondere Aufmerksamkeit zu widmen.

Aus der Perspektive der gemeinwesendiakonischen Strategie Kirche findet Stadt ist der Ansatz der integrierten Stadtentwicklungspolitik der Leipzig Charta von besonderem Interesse. Denn im Prozess der Stadtentwicklung „findet die Koordinierung zentraler städtischer Politikfelder in räumlicher, sachlicher und zeitlicher Hinsicht statt. Die Einbeziehung der wirtschaftlichen Akteure, Interessengruppen und der Öffentlichkeit sind hierbei unabdingbar", [303] so die Charta.

Die Nationale Stadtentwicklungspolitik der Bundesrepublik Deutschland setzt diese Rahmenvorgaben um, indem sie es zum Ziel macht, „neue Kooperationen zu fördern und die Themen Stadt, Zusammenleben in der Stadt, urbane Qualitäten und Good Governance stärker im gesellschaftlichen und politischen Diskurs zu verankern". [304] Die Bundesregierung legt dazu fünf thematische Schwerpunkte fest:

– Bürger für ihre Stadt aktivieren – *Zivilgesellschaft*,
– Chancen schaffen und Zusammenhalt bewahren – *soziale Stadt*,
– Die Stadt von morgen bauen – *Klimaschutz und globale Verantwortung*,
– Städte besser gestalten – *Baukultur*,
– Die Zukunft der Stadt ist die Region – *Regionalisierung*. [305]

Das zentrale Instrument zur Implementierung der Intentionen der Nationalen Stadtentwicklungspolitik ist die Städtebauförderung. Sie bindet die Bewilligung von Fördermitteln für eine geplante Maßnahme an ein integriertes Gesamtkonzept. Dieses darf nicht nur städtebauliche, sondern muss auch wirtschaftliche, soziale, ökologische und bildungspolitische Aspekte berücksichtigen, also fach- und ressortübergreifend und unter Beteiligung der Öffentlichkeit entwickelt worden sein. [306] Sowohl die Leipzig Charta als auch die Nationale Stadtentwicklungspolitik verstehen die Aktivierung der Zivilgesellschaft auch im Sinne der Beteiligung am gesellschaftlichen und politischen Diskurs. Der katholische Theologe Andreas Lob-Hüdepohl spricht von den Tat- und Diskurslandschaften der Zivilgesellschaft. Er hebt hervor, dass die gesellschaftliche Verantwortung der Kirche auch darin besteht, in die Diskurslandschaft der Zivilgesellschaft die Perspektive des Evangeliums einzubringen. [307] Bemerkenswert ist, dass die Politiker ein großes Interesse haben, dass sich Kirche und Diakonie an der Entwicklung der Städte beteiligen. [308]

Fazit

Kirche und Diakonie verfolgen in der Strategie *Kirche findet Stadt* das Ziel, in Kooperation mit der Kommune einen Beitrag zur sozialen und kulturellen Entwicklung des Gemeinwesens zu leisten. So tragen Kirche und Diakonie im Rahmen der Strategie zur Demokratisierung der Gesellschaft und zum Wandel politischer und ökonomischer Strukturen bei, wie es von der theologischen Orientierung der Gemeinwesendiakonie vom Konzept der Compassion her geboten erscheint. Zugleich geschieht durch die Beteiligung von Kirche und Diakonie an gesellschaftlichen Diskursen die Kommunikation des Evangeliums in die Weite des politischen Raums hinein. In der gemeinwesendiakonischen Strategie der Enabling Churches liegen bereits eine Reihe von Überlegungen und Handlungsansätzen vor, die den sozialen Zusammenhalt der Gesellschaft festigen und die Teilnahme der Zivilgesellschaft am gesellschaftlichen Diskurs ermöglichen wollen.

Enabling Churches

Das übergreifende Ziel der gemeinwesendiakonischen Strategie der Enabling Churches ist es, dass „die Kirchen mittels ihrer Möglichkeiten Menschen zur Inklusion in die Gesellschaft verhelfen". [309] In der Diskussion wird die Strategie mithilfe der Konzepte der Inklusion, des Sozialkapitals und des Community Organizings entwickelt. [310] Im Folgenden werden diese drei Aspekte der Enabling-Churches-Strategie dargestellt.

Inklusion

Um die Potenziale von Kirchengemeinden im Blick auf Inklusion herauszuarbeiten, unterscheidet Gerhard Wegner zwischen einer schwachen und einer starken Variante von Inklusion.[311] Die schwache Variante bezeichnet ein diakonisches Handeln, das im Sinne der *Kirche für andere* durch proaktives Handeln soziale Inklusion von Menschen fördern will. In der Regel sind solche Aktivitäten eine Art diakonisches add-on zum eigentlichen Gemeindeleben: Die Gemeinde tut etwas für andere, die Hilfe benötigen. Diese gehören allenfalls über ihre Kirchenmitgliedschaft zur Gemeinde dazu, nur selten können und / oder wollen sie sich an die Lebens- und Sprachwelt der Gruppen assimilieren, die die Gemeinde prägen.

Es ist diese schwache Form der Inklusion, die in diakonisch orientierten Kirchengemeinden überwiegend anzutreffen ist, etwa in Aktivitäten wie Mittagstischen, Kleiderkammern, Tafeln, Hausaufgabenhilfen. Auch diese schwache Form der Inklusion bedeutet „eine Menge Unterstützung für die, die Unterstützung brauchen",[312] und hat eine große Stärke in sich, „denn auf diese Weise gelingt zumindest in Ansätzen die Überwindung einer rein interessengebundenen Organisierung von Menschen und so die Stiftung von wertbezogener Solidarität und Integration."[313]

Die starke Form der Inklusion zeichnet sich dadurch aus, dass sie über proaktives Handeln hinaus in der Form der *Kirche mit anderen* Inklusion ermöglichen will. Eine Kirche, die dem Leitbild der starken Inklusion folgt, wirkt befähigend zur gerechten Teilhabe am gesellschaftlichen Leben, indem sie in sich selbst Inklusion lebt: „Die *Armen*, die Menschen, die von Exklusion bedroht sind, finden eine Heimat in der Kirche und zählen als vollgültige Glieder dazu. Sie sind nicht mehr ihre passiven Randsiedler, sondern vollmächtige Teilhaber, wie andere auch mit allen Rechten und Pflichten."[314] Von dem in der theologischen Orientierung Gesagten her ist eine Kirche der starken Inklusion eine Kirche der Konvivenz.

Obwohl die Überlegungen der EKD-Denkschrift *Gerechte Teilhabe* an einer starken Inklusion orientiert sind,[315] ist die Wirklichkeit der meisten evangelischen Kirchengemeinden nicht von diesem Leitbild geprägt.

Dennoch sieht Gerhard Wegner in den Kirchengemeinden ein erhebliches Potenzial, sowohl schwache Inklusion zu vermehren als auch starke Inklusion zu initiieren. Ein wesentlicher Schritt besteht darin, Inklusion von der Kernfunktion der Gemeinde, der Kommunikation des Evangeliums, sowohl in materialer als auch formaler Hinsicht in den Blick zu nehmen. Inhaltlich geht es darum, die Aspekte des Evangeliums zu thematisieren, die auf Überwindung von Exklusion zielen. Es geht um die Gleichheit aller Menschen vor Gott, die sich daraus ergebende Relativierung von Reichtum, Macht, Schönheit und Ähnlichem. In formaler Hinsicht gilt es, die Kommunikation des Evangeliums auf ihre Anschlussfähigkeit zur Sprach- und Lebenswelt marginalisierter Gruppen hin zu überprüfen.[316]

Ein weiterer Schritt besteht darin, die Kirchenreformprozesse der letzten Jahre einer kritischen Prüfung zu unterziehen; denn sie berücksichtigen die gesellschaftliche Bedeutung der Kirchengemeinden durch ihre Aktivitäten auf dem Feld der schwachen Inklusion nicht. Sie blenden die Problematik der starken Inklusion gänzlich aus.[317] Von daher ist es unbedingt notwendig, den innerkirchlichen Blick auf den Erhalt der eigenen Organisation zu weiten durch eine funktionale Ausrichtung auf die Befähigung von Menschen für das Leben in der Gesellschaft.[318] Dazu gehört das Ende jenes Anstaltsdenkens, das seinen Ausdruck in der Bezeichnung der Kernverwaltung von Kirche und Kirchengemeinde als Landeskirchen*amt* und Pfarr*amt* findet. Stattdessen müssten Landeskirchenämter zu landeskirchlichen Agenturen werden, Pfarrerinnen nicht mehr Versorgerinnen mit kirchlichen und diakonischen Dienstleitungen sein, sondern Befähigerinnen von Menschen in einer *Enabling Church*. In diesem Sinne gilt es schließlich, im diakonischen Handeln nicht zuerst Schwächen von Menschen zu kompensieren, sondern in der Suchbewegung nach entsprechenden Beteiligungsformen an den Stärken der Menschen anzuknüpfen, denen der Weg zur Inklusion in Kirchengemeinde und Gesellschaft eröffnet werden soll.[319]

Inklusion als Teil der gemeinwesendiakonischen Strategie Enabling Churches

Die Strategie der *Enabling Churches* verfolgt das Ziel, Menschen zur Inklusion in die Gesellschaft zu verhelfen und entspricht darin dem konvivialen Lebensstil des in der theologischen Orientierung erörterten Konzepts der Konvivenz, zumal wenn Inklusion in der von Wegner beschriebenen starken Form verstanden wird.

Sozialkapital

Um die Potenziale von Kirchengemeinden zur Inklusion näher zu bestimmen, untersuchte das SI der EKD unter der Leitung von Martin Horstmann die Fragestellung, inwieweit Kirchengemeinden und Diakonie zur Entstehung und Vermehrung von Sozialkapital beitragen können. [320] Die Ergebnisse weisen darauf hin, dass Kirchengemeinden dazu in besonderer Weise in der Lage sind und damit wesentliche Beiträge zur Inklusion marginalisierter Gruppen leisten können.

Exkurs: Soziales Kapital – Fundament gesellschaftlichen Zusammenhalts oder Basiselement sozialer Ungleichheit? [321]

In der sozial- und politikwissenschaftlichen Debatte lassen sich zwei unterschiedliche Diskurse zum Konzept des sozialen Kapitals ausmachen. Zum einen handelt es sich um die von dem US-amerikanischen Politologen Robert David Putnam initiierte systemorientierte Sozial-Kapital-Forschung. Andere Akzente setzt das akteursorientierte Sozial-Kapital-Konzept, das mit dem Namen des französischen Soziologen Pierre Bourdieu verbunden ist.

Putnam geht in der Entwicklung seines Konzeptes von der Beobachtung des schwindenden sozialen Zusammenhalts in der US-amerikanischen Gesellschaft aus. [322] Aus dem Rückgang des Sozialkapitals resultieren gravierende negative Folgen für die Entwicklung der Demokratie und der Ökonomie des Landes. Von diesen Beobachtungen her beschreibt Putnam soziales Kapital als kollektive Ressource im Sinne eines bedeutenden gesellschaftlichen Gutes. Seine wesentlichen Komponenten sind: Assoziationen beziehungsweise freiwillige Vereinigungen, soziales Vertrauen und Normen der generalisierten Reziprozität. [323] Dabei kommt den Assoziationen eine besondere Bedeutung zu: Sie sind die hervorragenden Orte für das Erlernen demokratischer Haltungen und Fertigkeiten. In den Interaktionen ihrer Mitglieder wächst soziales Vertrauen, die Normen der Reziprozität werden gelebt und vertieft. Als generalisiertes Vertrauen und generalisierte Reziprozität wir-

ken sie sich positiv in allen gesellschaftlichen Bereichen aus. Dies hat den Effekt, dass die Transaktionskosten für Governance-Strukturen im staatlichen und ökonomischen Bereich sinken. [324]

Putnam denkt im Blick auf die Assoziationen in erster Linie an traditionelle Vereinigungen wie Musik- oder Sportvereine und nennt explizit religiöse Vereinigungen. Nur in kleinen lokalen Gruppen sind die *face-to-face*-Interaktionen möglich, in denen jene Haltungen und Fertigkeiten gelernt werden können, die Kommunikation, Kooperation und soziales Vertrauen innerhalb und außerhalb der Gruppe erhöhen. Die kleinen lokalen Vereinigungen sind die Orte, an denen soziales Kapital entsteht und sich regeneriert. Zwar sind die von Putnam in den Blick genommenen US-amerikanischen religiösen Vereinigungen nicht ohne Weiteres mit deutschen Kirchengemeinden vergleichbar. Dennoch ist zu fragen: Welchen Beitrag leisten Kirchengemeinden zum sozialen Kapital als kollektive Ressource?

In der Konzeption von Bourdieu wird soziales Kapital vor allem als individuelle Resource in den Blick genommen. Es entsteht und vermehrt sich in Interaktionen und Beziehungen. Eine Person, die über soziales Kapital verfügt, kann es einsetzen, um Ziele zu erreichen, die sie aus eigener Kraft nicht erreichen könnte. Wer hingegen über wenig Sozialkapital verfügt, wird kaum in der Lage sein, die Interaktionen und Beziehungen aufzunehmen, die sein soziales Kapital vermehren. Bourdieus Entwurf macht deutlich, dass das Konzept des Sozialkapitals nicht nur das Potenzial in sich trägt, den sozialen Zusammenhalt von Gesellschaften zu stärken und positive demokratische und ökonomische Effekte zu erzielen. Vielmehr kann es soziale Ungleichheiten bestätigen und vertiefen.

Dass Kirchengemeinden als der Ort von Sozialkapitalbildung par excellence gelten können, sieht Horstmann in folgenden strukturellen Aspekten begründet:

- Kirchengemeinden sind eine der seltenen flächendeckenden Organisationsformen in Deutschland, mancherorts sind sie die einzigen tatsächlich im Gemeinwesen präsenten Akteure. [325]
- Sie verfügen über eine gut ausgebaute Infrastruktur in Form ihrer Gebäude, der Kirchen und Gemeindehäuser, in Form ihrer technischen Ausstattung, ihrer Kommunikationskanäle, ihrer Kontakte zu anderen Akteu-

ren im Stadtteil. Sie ermöglichen Teilnahme ohne formale Zugangsvoraussetzungen wie Geld oder Arbeit, also kostenlose Teilnahme.

– Sie bieten durch ihre besondere Interaktionsstruktur Gelegenheiten und Begegnungsmöglichkeiten, sogenannte Encounters. [326]

– Sie geben Möglichkeiten zu kontinuierlichem oder punktuellem Engagement und damit zum Einüben von Beteiligung und civic skills, wozu auch die Aneignung der erwähnten Normen der Reziprozität gehört.

– Kirchengemeinden bilden Orte, an denen das sogenannte brückenbildende Sozialkapital sich entfalten kann: Es können Kontakte zwischen Personen ganz verschiedener Milieus entstehen.

Im Blick auf die Frage, wie diese guten strukturellen Bedingungen zur Bildung von Sozialkapital in Kirchengemeinden genutzt werden können, richtet Horstmann den Fokus darauf, dass Sozialkapital in Interaktionen entsteht. Insofern besteht es in einem sich selbst verstärkenden Prozess: Die Teilnahme an Interaktion bewirkt Befähigung zur Interaktion, die Befähigung bewirkt wiederum vermehrte und intensivere Teilnahme. Es ist also entscheidend, Menschen Zugang zu den Interaktionen der Kirchengemeinde zu ermöglichen, sodass sie an dem beschriebenen Kreislauf der Selbstverstärkung teilnehmen können. Weniger entscheidend ist, ob der Zugang über Formen der starken oder der schwachen Inklusion erfolgt. [327]

Aus diesen Überlegungen zum sozialkapitalbildenden Potenzial von Kirchengemeinden ergeben sich für die gemeinwesendiakonische Strategie der Enabling Churches in Kirchengemeinden folgende Konsequenzen: [328]

– Befähigende Gemeinden werden eine Vielzahl an Gelegenheiten kreieren, um einen unproblematischen, einfachen Zugang zu ermöglichen.

– Sie werden nicht ausschließlich Hilfsangebote für Benachteiligte vorhalten, sondern eine möglichst große Zahl an echten Beteiligungsmöglichkeiten für Benachteiligte gestalten.

– Schließlich gilt es, eine Kultur zu entwickeln, die Beteiligung fördert. Sie ist gekennzeichnet durch Formen der Anerkennung, Achtung, Wertschätzung und Fehlerfreundlichkeit.

Bildung von Sozialkapital als Teil einer Strategie

Im Rahmen der gemeinwesendiakonischen Strategie der Enabling Churches können Kirchengemeinden helfen, das Sozialkapital als individuelle Ressource zu erhöhen. Es kann hier leichter als in anderen gesellschaftlichen Zusammenhängen wachsen. Damit ist ein Beitrag zur Inklusion in die Gesellschaft geleistet. Überlegungen zur Beteiligung an Community-Organizing-Prozessen zeigen, wie Kirchengemeinden auch das Wachstum des Sozialkapitals als kollektive Ressource der Gesellschaft und zudem die Entwicklung der Demokratie fördern können.

Community Organizing

Die Idee des Community Organizing ist eng mit dem Namen des US-amerikanischen Soziologen Saul Alinsky verbunden. Er arbeitete seit Mitte der dreißiger Jahre des letzten Jahrhunderts in den Slums von Chicago und später in anderen benachteiligten Stadtvierteln amerikanischer Großstädte. In dieser Arbeit entwickelte er den Ansatz des Community Organizings, in dem es darum geht, Resignation und Unzufriedenheit der Bevölkerung mit ihrer Lebenssituation in einen gemeinsamen Gestaltungswillen für ihren Stadtteil zu transformieren. [329]

Der prominenteste Vertreter in Deutschland ist Leo J. Penta, der dieses Fach an der Katholischen Fachhochschule für Sozialwesen Berlin lehrt und Leiter des Deutschen Instituts für Community Organizing ist. [330] Penta beschreibt Community Organizing als einen Handlungsansatz zur Mobilisierung bürgerschaftlichen Engagements. Allerdings geht es um mehr als darum, einzelne zu einem höheren freiwilligen Engagement zu motivieren. Community Organizing zielt darauf ab, durch Bündelung von Beziehungen, Ressourcen und Utopien der Menschen in einem Gemeinwesen ein handlungsfähiges Wir zu gestalten, sodass die Bürgergesellschaft ein Gegenüber von Politik und Wirtschaft sein kann. Community Organizing steht für eine partizipatorisch-demokratische Kultur der lokalen Bürgergesellschaft und entspricht damit den Zielen der Leipzig Charta und der Nationalen Stadtentwicklungspolitik.

Zentrales Instrument sind Bürgerplattformen, die die Möglichkeit des Sichbeteiligens strukturell sichern. Ihr

Aufbau geschieht in der Regel durch Community Organizer: Professionelle Organisatoren sprechen mögliche Multiplikatoren in einem Gemeinwesen an und helfen ihnen, ihre Interessen zu formulieren. In einem monatelangen, manchmal jahrelangen Prozess bilden sich örtliche Allianzen, Bündnisse und Kooperationen aus. Im Rahmen einer so entstandenen Bürgerplattform werden Anliegen und Interessen, Normen und Werte der vertretenen Gruppen gebündelt. Die Bürgerplattform ermöglicht gemeinsames öffentliches Handeln von Menschen, indem sie schwache in starke Interessen wandelt. Sie kann als zivilgesellschaftlicher Dialogpartner gegenüber Entscheidungsträgern in Politik und Wirtschaft auftreten. [331] Community Organizing leistet einen bedeutenden Beitrag zur demokratischen Gestaltung von Gemeinwesen. Denn es versteht Demokratie nicht nur als Legitimierung von Herrschaft, sondern macht sie durch lokale Partizipationsformen als praktisches Aushandlungsgeschehen in der eigenen Lebenswelt erfahrbar. Werden beim Aufbau von Bürgerplattformen noch gezielt marginalisierte Gruppen berücksichtigt, ist das ein Beitrag zur Inklusion.

Community Organizing als Teil der gemeinwesendiakonischen Strategie Enabling Churches

In der Teilnahme an Community-Organizing-Prozessen nehmen Kirchengemeinden ihren theologisch begründeten Auftrag wahr, sozioökonomische Strukturen im Sinne der Liebe Gottes zu den Menschen zu verändern. Zudem können sie das Evangelium in die Weite des politischen Raumes kommunizieren. Dies geschieht in den externen Aushandlungsprozessen einer Bürgerplattform mit Kommune und lokaler Ökonomie. [332]

Für die Kirchengemeinde selbst eröffnet sich die Chance auf eine Verlebendigung des Gemeindelebens durch die Teilnahme an Community-Organizing-Prozessen. In der für Bürgerplattformen charakteristischen Beziehungsarbeit bieten sich Möglichkeiten zur Begegnung mit den Milieus, die nur marginal in Kirchengemeinden anzutreffen sind. Und Menschen verschiedener Religionszugehörigkeit können sich mit ihren Anliegen und Interessen begegnen und eine Basis für gemeinsames Handeln schaffen.

Die sozialen Kompetenzen, die in der Teilnahme an den Interaktionen einer Bürgerplattform wachsen, kommen anderen Arbeitsbereichen der Kirchengemeinde zugute.

Schließlich ergibt sich die Chance auf eine engere Verzahnung mit den Einrichtungen der verbandlichen und unternehmerischen Diakonie. Im günstigsten Fall kann in einer Kooperation von Kirchengemeinde und diakonischer Einrichtung professionelles Community Organizing installiert werden. Welche Rolle Kirchengemeinden letztlich in der Beteiligung an einer Bürgerplattform übernehmen werden, hängt von den örtlichen Gegebenheiten ab. In jedem Fall verfügen sie – als sozialkapitalbildende Orte – über vielfältige Ressourcen dazu.

Fazit

Die gemeinwesendiakonischen Strategien, die im diakonischen Handeln der St.-Victor-Gemeinde erkennbar sind, sind beschrieben und reflektiert worden. Es stellte sich heraus, dass Kirchengemeinden über eine Vielzahl gemeinwesendiakonischer Potenziale verfügen. Darüber hinaus wurde deutlich, dass die europäische und nationale Städtepolitik günstige Rahmenbedingungen bietet zur Entfaltung gemeinwesendiakonischer Potenziale von Kirchengemeinden und gemeinwesendiakonischem Handeln. Wenn Diakonie und Kirche in solchem Tun die Grundlagen gemeinwesendiakonischen Handelns berücksichtigen, sind sie in der Lage, an einer neuen Kultur des Sozialen mitzuwirken.

• Kritischer Blick auf die Aktivitäten der St.-Victor-Gemeinde

Im Folgenden werden die Aktivitäten der St.-Victor-Gemeinde von der theologisch-ökonomischen Orientierung und den gemeinwesendiakonischen Strategien (Kirche findet Stadt und Enabling Churches) her betrachtet. Inwieweit kommen die herausgearbeiteten theoretischen Elemente der Gemeinwesendiakonie in der Praxis zum Tragen? Von der theologisch-ökonomischen Orientierung her ist zu fragen: Welche Rolle spielen Elemente der Konvivenz, der Compassion und des Vorsorgenden Wirtschaftens mit seinen drei Handlungsprinzipien der Vorsorge, der Kooperation und der Orientierung am Für-das-gute-Leben-Notwendige? Von den genannten Strategien her ist zu fragen: Welche Aspekte inklusionsorientierten Handelns und welche Beiträge zur Entwicklung des Stadtteils und der Stadt lassen sich in den Aktivitäten der St.-Victor-Gemeinde erkennen?

Zunächst fällt auf, dass es im Gemeindeleben eine Vielzahl von Elementen gibt, die dem Konzept der Konvivenz entsprechen. Zu nennen sind:

- Die persönliche Begegnung mit notleidenden Kindern und Jugendlichen in der Nachbarschaft, die zum Handeln motiviert,
- die Wahrnehmung und Beanspruchung der Kirchengemeinde als zuständige Instanz für Hilfe bei Notlagen im Stadtteil der Parochie,
- die Kooperation von leitenden Mitarbeitenden der Kirchengemeinde mit kirchlich distanzierten Bürgern des Stadtteils in dem Projekt der Kartoffel-Kiste und des Diakonie-Zentrums,
- die Kooperation zwischen der Kirchengemeinde und dem Diakonie Ruhr-Hellweg e.V., die im Diakonie-Zentrum institutionalisiert wird,
- die Kooperation mit weiteren Akteuren im Stadtteil, namentlich der Stadtteilkoordination.

Die in der theologischen Orientierung herausgearbeiteten Aspekte der Compassion sind in der Entwicklung der diakonischen Aktivitäten der Kirchengemeinde bedeutsam:

- Menschen werden berührt von den Notlagen, in denen sich Kinder und Jugendliche ihres Quartiers befinden, und deuten dies rückblickend im Sinne einer Gottesbegegnung,
- man schreibt das Zustandekommen dieser Notlagen nicht persönlich schuldhaftem Verhalten, sondern den Lebensbedingungen der Kinder und Jugendlichen zu. Wenngleich es sicherlich übertrieben wäre zu sagen, dass die Beteiligten aufgrund einer ökonomischen Perspektive zu einer solchen Bewertung gekommen wären, ist es doch zutreffend, dass sie die Not der Kinder als strukturell bedingt wahrgenommen haben. Zunächst noch unklar bildet sich im Verlauf der Entwicklung diakonischer Aktivitäten deutlich der Wunsch heraus, nicht nur Not zu lindern, sondern durch Befähigung der Kinder und Jugendlichen nachhaltige Hilfe zu leisten. Die Maßnahmen der Kirchengemeinde zielen darauf ab, gerechte Teilhabe zu ermöglichen: Das Diakonie-Zentrum mit dem Angebot umfassender sozialer Hilfen vor Ort, Musikunterricht und Hausaufgabenhilfe sollen das individuelle Sozialkapital der Jugendlichen mehren und zur Inklusion befähigen.

- die Kirchengemeinde hat ihren Blick auf den Erhalt der eigenen Organisation modifiziert. Durch die funktionale Ausrichtung auf die Inklusion von Bürgerinnen und Bürgern stellte sie finanzielle Bedenken zurück, um ein Projekt für Kinder und Jugendliche ins Leben zu rufen.

Neben zahlreichen Beteiligungsmöglichkeiten, die die Kirchengemeinde ohnehin vorhält, entwickeln sich in der diakonischen Arbeit intensive Beteiligungsformen. Zu nennen sind das Projekt Kartoffel-Kiste und das Patenprojekt. Die von Jugendlichen und Eltern von Grundschulkindern angestoßene Hausaufgabenhilfe sowie die Mitarbeit von Kunden in der Kleiderkammer sind Beteiligungsformen, die Elemente der starken Inklusion aufweisen. Sie bilden einen Beitrag zur Steigerung des individuellen Sozialkapitals der Mitwirkenden und des kollektiven Sozialkapitals in Kirchengemeinde und Stadtteil.

Die diakonische Arbeit hat zu einer Vielzahl von Diskursen geführt:

- Gemeindeintern, im Stadtteil und in der Stadt Hamm wird Kinderarmut thematisiert. Durch die entstandenen Vernetzungen nimmt die Kirchengemeinde an der Gründung eines Vereins zur Förderung des interkulturellen Zusammenlebens und damit an entsprechenden Diskursen im Stadtteil und in der Stadt teil.
- Im Beirat von Stärken vor Ort ist die Kirchengemeinde an Diskussionen über die Situation benachteiligter Frauen und Jugendlicher beteiligt,
- in der Jugendbezirkskonferenz beteiligt sie sich an Aushandlungsprozessen zur Gestaltung der Jugendhilfe in im Stadtteil.

In dem Bemühen, in ihrer christlichen Motivation kenntlich zu sein, kommuniziert die Gemeinde das Evangelium und entsprechende ökonomische Perspektiven in den gesellschaftlichen und politischen Raum hinein.

In den Gesprächen zur künftigen Gestaltung der Kinder- und Jugendhilfe der Stadt Hamm übernimmt die Kirchengemeinde Verantwortung für die soziale und kulturelle Entwicklung des Stadtteils und der Stadt. Wie schon in den Aktivitäten, die auf Befähigung zur Inklusion abzielen, handelt die Gemeinde nach dem Prinzip der Vorsorge. Ein Gleiches gilt für das sich entwickelnde Interesse, das Gemeindehaus in ein Nachbarschaftszentrum umzuwandeln. Hier entsteht die Perspektive, der Bürgergesellschaft in der Parochie einen Raum zu eröffnen, in dem sie sich zu einem starken *Wir* formieren kann.

[289] Vgl. Horstmann, Manuskript, 1 ff.

[290] Die Bezeichnungen der Strategien sind wörtlich von Horstmann übernommen.

[291] Vgl. Zellfelder-Held, Solidarische Gemeinde.

[292] Vgl. Degen, Leben in Nachbarschaft, 81; Enabling Community.

[293] Hervorragende Beispiele sind *Lebensräume zum Älterwerden* des ‚Netzwerkes Soziales neu gestalten (SONG)‘ und *WohnQuartier*[4].

[294] S.u., 93 ff.

[295] Wegner, Enabling Churches, 211.

[296] Vgl. Anhelm, Vorboten einer neuen Kirchengestalt.

[297] Horstmann, Manuskript, 3 (Hervorhebung im Text).

[298] Mit dem *gemeinwesendiakonischen Kooperieren* ist die Kooperation mit organisierter Diakonie und anderen Akteuren im Stadtteil gemeint.

[299] An dieser Stelle ist vom *Gemeinwesen* und nicht von der *Parochie* die Rede, weil die gerechte Teilhabe von Menschen selbstverständlich nicht an den Grenzen einer Parochie enden soll.

[300] Haas, Unternehmen für Menschen, 284. Vgl. auch, 282.

[301] Vgl. Unterrichtung durch die Bundesregierung, Mai 2008.

[302] Der vollständige Titel des Dokumentes lautet: „Leipzig Charta zur nachhaltigen europäischen Stadt". Die Leipzig Charta wurde unter deutscher EU-Ratspräsidentschaft entwickelt und ist anlässlich eines informellen Ministertreffens zur Stadtentwicklung und zum territorialen Zusammenhalt im Mai 2007 verabschiedet worden.

[303] Leipzig Charta, 2.

[304] Unterrichtung durch die Bundesregierung, Mai 2008, 5.

[305] A.a.O., 10 f.

[306] Vgl. Stadtentwicklungsbericht 2011, 26 ff.

[307] Lob-Hüdepohl, Kirche werden im Sozialraum, 21 f.

[308] Kommentar des Bundesbauministers Peter Ramsauer zum Pilotprojekt *Kirche findet Stadt* am 14. 12. 2011: „Die Kirchen spielen eine wichtige Rolle in unseren Städten. Sie bilden häufig einen Orientierungspunkt in der Stadt – nicht nur städtebaulich. Denn die Kirchengemeinden leisten aktive Beiträge bei der Kinder- und Jugendarbeit oder dem Einbeziehen der älteren Generation. Sie tragen so zu einem

gelungenen Miteinander vor Ort bei. Wir wollen, dass diese Potenziale für eine sozial integrierte Stadtentwicklung noch besser genutzt werden." Kirche findet Stadt. Presseinformation.

[309] Wegner, Enabling Churches, 211. Wegner bezieht sich auf das Positionspapier der Ev. Stiftung Alsterdorf und der Kath. Hochschule für Sozialwesen in Berlin mit dem Titel „Enabling Community – Gemeinwesen zur Inklusion befähigen!" Das Papier reflektiert die notwendige Reform der Eingliederungshilfe im Sinne der UN-Behindertenrechtskonvention im umfassenden Kontext einer inklusionsorientierten Gestaltung von Gemeinwesen. Mit G. Wegner verstehe ich ‚Inklusion' in einem umfassenden Sinn und verwende *Inklusion* und *gerechte Teilhabe* synonym.

[310] Vgl. Horstmann, Caring Communities, 58 f.

[311] Vgl. Wegner, Enabling Churches, 211 ff.

[312] A.a.O., 231.

[313] A.a.O., 212.

[314] A.a.O., 211 f.

[315] EKD, Gerechte Teilhabe.

[316] Wegner merkt an, dass die „z.Z. laufenden Bestrebungen über eine Qualitätssteigerung von Gottesdiensten" sich der Frage inklusiver Strategien nicht annehmen. Wegner, Enabling Churches, 230.

[317] Vgl. a.a.O., 213.

[318] Vgl. a.a.O., 220 f. Wegner weist darauf hin, dass das protestantische Leitideal des Berufs immer schon eine funktionale Sicht auf die Bedeutung der Verkündigung hat.

[319] Vgl. a.a.O., 223 f. In Kirchengemeinden können sich solche niederschwelligen Beteilungsformen entwickeln. In der St.-Victor-Gemeinde sind dies: Verteilen des Gemeindebriefs, Laubfegen auf dem Friedhof, Kuchenbacken für das Gemeindecafé, Fotografieren für die Homepage, Service in der Küche.

[320] Vgl. http://www.ekd.de/si/projekte/abgeschlossen/15183.html und siehe auch Teil I dieses Bandes: Martin Horstmann, Sozialkapital. Fokus Kirchengemeinde.

[321] Vgl. Braun, Soziales Kapital; Kriesi, Sozialkapital; Dieckmann, Dimensionen des Sozialkapitals.

[322] Vgl. Robert D. Putnam, Bowling alone, 70.

[323] Im Sinne von: Ich helfe dir in der Erwartung, dass du mir in der Zukunft ebenso hilfst.

[324] Vgl. Offe/Fuchs, Schwund des Sozialkapitals?, 429 f.

[325] Horstmann, Caring Communities, 60: „Es gibt knapp 15.300 Kirchengemeinden in Deutschland, das entspricht in etwa der Anzahl von Sparkassen und von Tankstellen."

[326] Beispiele sind: Gemeindefest, Kirchcafé, Elternabend, Trödelmärkte im Gemeindehaus.

[327] Horstmann, Caring Communities, 57: „Hauptsache rein in diese positive Rückkopplung!"

[328] Vgl. a.a.O., 58.

[329] Vgl. Lob-Hüdepohl, Starkes Wir, 260.

[330] Vgl. DICO. Im Raum der westfälischen Landeskirche wird der Handlungsansatz u.a. im Stiftungsbereich Bethel regional der Von-Bodelschwinghschen-Stiftungen Bethel aufgenommen und erprobt, vgl. Katholische Hochschule Berlin. Das maßgeblich vom Ev. Johanneswerk e.V. getragene Innovationsprojekt LoVe des Netzwerkes *Song – Soziales Neu Gestalten* greift ebenfalls die Methode des Community-Organizings auf.

[331] Gelungene Beispiele eines Community-Organizing-Projektes: Die 2002 gegründete Bürgerplattform ‚Menschen verändern ihren Kiez – Organizing Schönweide' in Berlin und die Bürgerstiftung ‚Leben in Hassel' in Gelsenkirchen.

[332] Vgl. Lob-Hüdepohl, Starkes Wir, 262.

5 Entfaltung gemeinwesendiakonischer Potenziale

Folgende Grundlagen und Kriterien zur Entfaltung gemeinwesendiakonischer Potenziale von Kirchengemeinden lassen sich am Beispiel der Gemeinde St. Victor Herringen benennen:

Grundlagen

– die Christuspräsenz in diakonischem Handeln,
– Gottes Konvivenz, sein damit gegebenes Wirken extra ecclesiam und die Verheißung einer spirituellen Dynamik im konvivialen Zusammenleben der Verschiedenen auf Gottes Schalom hin,
– Gottes Compassion mit den Leidenden und die davon ausgehende spirituelle Dynamik, die Menschen in die Compassion Gottes hineinzieht,
– eine ökonomische Orientierung, die in die Lage versetzt, strukturell bedingte Notlagen als solche zu erkennen. Hier wurde die ökonomische Orientierung des Vorsorgenden Wirtschaftens gewählt, das mit seinen Prinzipien der Vorsorge, der Kooperation und des Diskurses um das Für-das-gute-Leben-Notwendige den Konzepten der Konvivenz und der Compassion entspricht,
– die Parochialstruktur der Kirchengemeinde, deren innere Leitung nicht in den Händen der Pfarrschaft oder anderer Einzelakteure liegt, sondern bei der Gemeinde,
– konviviales Zusammenleben von Menschen auf Gottes Schalom hin, in der Sprache des Vorsorgenden Wirtschaftens gesagt: Kooperation statt Konkurrenz,
– Compassion als Berührbarkeit für die Not anderer Menschen,
– Compassion als Kompetenz, strukturell verursachtes Leiden als solches und nicht personalisiert wahrzunehmen,
– Compassion als Bereitschaft, die Ursachen des Leidens zu beheben; aus der Perspektive des Vorsorgenden Wirtschaftens ist dies das Handlungsprinzip der Vorsorge.

Schließlich sind drei Grundlagen praktischer Art zu nennen:

– Das Bereitstellen von Ressourcen. In der St.-Victor-Gemeinde handelt es sich um kostenfreie Überlassung von Räumlichkeiten sowie um die finanzielle Ausstattung eines diakonischen Projektes und dessen Begleitung durch die Pfarrerin,
– klare und zugleich anpassungsfähige Strukturen: Ein Leitbild und Kommunikationsstrukturen, die für Beteiligung und Transparenz sorgen,
– Strukturen und eine Kultur, die die Kooperation mit Einrichtungen der unternehmerischen Diakonie und anderen Partner im Sozialraum ermöglichen beziehungsweise begünstigen.

Kriterien

Die Kriterien werden praxisorientiert in der Form von Fragestellungen formuliert, die den Bezug zu den Grundlagen des gemeinwesendiakonischen Handelns erkennen lassen.

– Berücksichtigt die Gestaltung des Gemeindelebens kooperative Formen, die der gemeinwesendiakonischen Grundlage der Konvivenz entsprechen?
– Schafft die Gemeinde eine Vielzahl von Begegnungsmöglichkeiten, den sogenannten Encounters?
– Leisten die Aktivitäten der Gemeinde einen Beitrag zur sozialen und kulturellen Entwicklung des Stadtteils der Parochie, der in der theologischen Perspektive an der Verheißung von Gottes Schalom orientiert ist?

Ein wesentlicher Entwicklungsbeitrag besteht in der Förderung der inklusionsorientierten Gestaltung des Gemeinwesens, sodass als weitere Kriterien gelten können:

– Zielen die Aktivitäten der Gemeinde auf die Steigerung des Sozialkapitals einzelner als individuelle Ressource ab?
Sind sie also auf die Befähigung ihrer Adressaten ausgerichtet?
– Zielen die Aktivitäten der Gemeinde auf die Steigerung des Sozialkapitals als kollektive Ressource sowohl in der Gemeinde selbst als auch im Gemeinwesen ab?
Kreiert die Gemeinde eine Vielfalt von Beteiligungsmöglichkeiten?

Pflegt die Gemeinde eine Kultur, die Beteiligung fördert und gekennzeichnet ist durch Formen der Anerkennung, Achtung, Wertschätzung und Fehlerfreundlichkeit?

– Trägt die Gemeinde zur Entstehung und / oder Erweiterung von Aushandlungsprozessen über die Realisierung guter Lebensmöglichkeiten im Gemeinwesen bei?

– Ist das gemeinwesendiakonische Handeln erkennbar in seiner christlichen Motivation?

– Kommuniziert es auf diesem Wege das Evangelium in den politischen und gesellschaftlichen Raum hinein?

6 Rahmenbedingungen zur Entfaltung der Potenziale

Die bislang beschriebenen Grundlagen und Kriterien zur Entfaltung des gemeinwesendiakonischen Potenzials von Kirchengemeinden stellen zum einen sehr prinzipielle theologisch-ökonomische Voraussetzungen dar. Zum anderen nennen sie Voraussetzungen, die in einer Kirchengemeinde gegeben sein müssen, um gemeinwesendiakonisch wirken zu können. In einem letzten Schritt geht es um die Rahmenbedingungen, die vonseiten der Diakonie, der Kommune und von den über die Kirchengemeinde hinausgehenden kirchlichen Handlungsebenen (Kirchenkreis, Landeskirche) gegeben sein müssen, sodass Kirchengemeinden ihr gemeinwesendiakonisches Potenzial entfalten können. Exemplarisch wird in dieser Arbeit der Schwerpunkt auf die Rahmenbedingungen in der westfälischen Landeskirche gelegt.

Unternehmerische Diakonie

Die Rahmenbedingung, die vonseiten der organisierten Diakonie zu gestalten ist, ist die Bereitschaft zur Kooperation mit Kirchengemeinden. Cornelia Coenen-Marx merkt dazu an: „Die quartiersbezogene Entwicklung in den Handlungsfeldern wie Pflege oder Armutsprojekte, Familienbildungs- und -beratungsarbeit ringt noch um die Kooperation mit Kirchengemeinden. Hier wird noch schmerzlich spürbar, dass die Fachleute und Generalisten in *Kirche und Diakonie* verschiedene Sprachen sprechen, selbst wenn sie dieselbe Bewegung mitgestalten. (...) Wenn die Kirche im Dorf bleiben soll, müssen wir die Menschen, die dort haupt- und vor allem ehrenamtlich arbeiten, noch mehr wertschätzen und endlich groß von diesem Wirkraum denken."[333]

Es ist zu hoffen, dass sowohl Kirchengemeinden als auch Diakonie eine gemeinsame Sprache finden, in der sie ihren christlichen Beitrag zu einer Kultur der Barmherzigkeit in der Zivilgesellschaft formulieren können.

Kommune

Ähnliches ist von der Rahmenbedingung zu sagen, die vonseiten der Kommune zu gestalten ist. Die Bereitschaft zur Kooperation mit Kirchengemeinden muss vorhanden sein. Vielfach nehmen kommunale Stellen die richtungweisenden Ansätze integrierter Stadtentwicklungspolitik jedoch nicht wahr und beziehen Sozialraumakteure, also auch Kirchengemeinden, nicht oder nicht hinreichend in die Planung ein.[334] Die Kenntnis der Kirchengemeinden und ihrer Kooperationspartner aus dem kirchlich-diakonischen Bereich über die Grundzüge europäischer und nationaler Städtepolitik sowie Hartnäckigkeit im Gespräch mit kommunalen Stellen können Wege der Kooperation ebnen.

Kirchenkreis und Landeskirche

Auf den ersten Blick ist es in der aktuellen Situation der westfälischen Landeskirche nicht ohne Weiteres möglich, gute Rahmenbedingungen für ein gemeinwesendiakonisches Programm zu gestalten. Denn die EKvW ist „eine Institution im Rückbau."[335] Veranlasst ist dies in der Prognose eines eminenten Verlustes der Finanzkraft und der Gemeindeglieder. Die Kirchenleitung geht davon aus, dass im Jahr 2030 die Mitgliederzahl der EKvW um ein Drittel geschrumpft sein und nur die Hälfte des derzeitigen Jahresfinanzaufkommens zur Verfügung stehen wird.[336] Ein Personalentwicklungskonzept, das die Kirchenleitung der Landessynode im Jahr 2011 vorgelegt hat, beschreibt ein Szenario, in dem ab dem Jahr 2030 bei einer Erhöhung der Gemeindegliederzahl von derzeit 2.500 auf dann 3.500 pro Pfarrstelle eine Zahl zwischen 800 und 900 Pfarrerinnen gebraucht und finanzierbar sein wird;[337] derzeit stehen 1.894 Pfarrer im Dienst der EKvW.[338]

Die westfälische Landeskirche muss einen tief greifenden organisationalen Wandel vollziehen, um zukunftsfähige Strukturen zu gestalten. Diese Herausforderungen werden durch die Personalsituation der Landeskirche im Bereich der Pfarrschaft verschärft, die durch eine Überalterung bei gleichzeitigem Nachwuchsmangel gekennzeichnet ist. So wird eine alternde Pfarrschaft schwierige Restrukturierungsprozesse auf der operativen Ebene mitgestalten müssen, und zugleich unterschreitet spätestens ab Mitte des nächsten Jahrzehnts die Anzahl der Pfarrerinnen die Anzahl der Pfarrstellen progressiv, es tritt ein Fachkräftemangel ein. Vor diesem Hintergrund hat die westfälische Landessynode die Kirchenleitung beauftragt, „das Personalentwicklungskonzept auf der Grundlage des Berichtes der Kirchenleitung *Aufgaben und Ziele* weiter zu entwickeln zu einem Gesamtkonzept der kirchlichen Arbeit entsprechend dem Kirchenbild der EKvW. Dabei soll auch beschrieben werden, welche Aufgaben unverzichtbar dem Pfarramt zuzuordnen sind."[339]

Bei dem erwähnten Bericht *Aufgaben und Ziele* handelt es sich um einen Bericht der Kirchenleitung über die Bearbeitung eines Auftrages, den sie von der Landessynode im Jahr 2006 erhalten hatte und der sich darauf bezog, die jeweiligen Aufgaben der drei Verfassungsebenen der EKvW zu klären.[340] Das Konzept der Kirchenleitung beschreibt dementsprechend im Sinne einer Diskussionsgrundlage die Aufgaben der Kirchengemeinde, des Kirchenkreises und der Landeskirche in jeweils sechs Handlungsfeldern. Eines der Handlungsfelder heißt *Diakonie und gesellschaftliche Verantwortung*.

Der westfälischen Landeskirche eröffnen sich Chancen, wenn sie in die Beschreibung sowohl der unverzichtbar dem Pfarramt zugeordneten Aufgaben als auch in die Beschreibung der Aufgaben und Ziele auf den Verfassungsebenen der Kirchengemeinde und des Kirchenkreises die gemeinwesendiakonische Perspektive berücksichtigt. Der Verfassungsebene des Kirchenkreises käme dabei die Funktion zu, Gestaltungsanreize für gemeinwesendiakonisches Handeln in den Kirchengemeinden zu setzen. Die Chancen einer solchen Richtungsentscheidung sind von den vorangegangenen Überlegungen her evident:

- Kirchengemeinden können aufgrund ihrer gemeinwesendiakonischen Potenziale aktive Mitgestalterinnen der Zivilgesellschaft sein.
- Vonseiten der Politik wird genau diese Initiative von der Kirche und ihren Gemeinden erhofft. So ist damit zu rechnen, dass Kirche und Kirchengemeinden durch gemeinwesendiakonisches Engagement eine neue und bedeutende Relevanz in der Wahrnehmung der Öffentlichkeit gewinnen. In der Rolle als Mitgestalterinnen der Zivilgesellschaft haben Kirchengemeinden, sofern sie in der christlichen Motivation ihres Handelns erkennbar sind, die Möglichkeit, das Evangelium in die Weite des gesellschaftlichen und politischen Raums zu kommunizieren. Dies ist ein effektiver Weg, „die Botschaft der freien Gnade auszurichten *an alles Volk*",[341] womit der Bericht Aufgaben und Ziele zutreffend den kirchlichen Auftrag mit der vierten

These der Barmer Theologischen Erklärung als übergreifendes Ziel aller Verfassungsebenen der Kirche beschreibt.[342] Die von der Kirche ausgerichtete Botschaft von der freien Gnade Gottes wird umso mehr gehört werden, wenn sie im Kontext gemeinwesendiakonischen Handelns von Kirchengemeinden steht, das mitwirkt an der Realisierung guter Lebensmöglichkeiten *für alles Volk*.

Die Aufnahme gemeinwesendiakonischen Handelns in die Liste des Handlungsfeldes *Diakonie und gesellschaftliche Verantwortung* von Kirchengemeinde und Kirchenkreis sowie in eine noch zu verhandelnde Liste der unverzichtbaren Aufgaben des Pfarrdienstes eröffnet die Möglichkeit, die derzeit noch vorhandenen Finanz- und Personalressourcen der EKvW auch zur gemeinwesendiakonischen Befähigung von Kirchengemeinden einzusetzen. Die Herausforderungen liegen darin, einen Paradigmenwechsel in der Wahrnehmung von Kirchengemeinden vorzunehmen. Kirchengemeinden müssen selbst ihre gemeinwesendiakonischen Potenziale wahrnehmen und sich für die neuen Aufgaben qualifizieren.[343] Eine weitere Herausforderung liegt darin, dass der beschriebene Handlungsspielraum unter sonst gleichbleibenden Bedingungen nicht mehr lange besteht. So muss eine Entscheidung getroffen werden, ob die noch vorhandenen Personal- und Finanzressourcen zur Realisierung der beschriebenen Chancen genutzt werden oder bereits jetzt in Restrukturierungsmaßnahmen einfließen.[344] Letztere zielen vorrangig auf den Erhalt der eigenen Organisation ab,[345] sie binden Ressourcen, die dann nicht zur Verfügung stehen, um Kirchengemeinden „zum Dienst in der Welt zu ermutigen."[346]

Der von der Kirchenleitung im Rahmen des Reformprozesses *Kirche mit Zukunft* der Landessynode im Jahr 2007 vorgelegte Bericht „Pfarrberuf mit Zukunft. Zur Weiterentwicklung des Pfarrdienstes in Westfalen" weist in einer Reflexion des Ordinationsvorhaltes darauf hin, dass bei der Besinnung auf die Kernaufgaben des Pfarrberufes die Dimension des Gerechtigkeitshandelns nicht verloren gehen darf.[347] Der Bericht enthält ferner ein Konzept für den Pfarrdienst, das den Titel „Die Heiligen zum Dienst befähigen – to equip the Saints" trägt.[348] Wie der Titel vermuten lässt, beschreibt das Konzept den Pfarrdienst vorrangig als Befähigung der

Gemeinde zum Dienst und zum Zeugnis in der Welt. Darin hat es eine große Nähe zur Gemeinwesendiakonie, insbesondere zur gemeinwesendiakonischen Strategie „Enabling Churches", die auf die Befähigung einzelner, der Gemeinde und des Gemeinwesens abzielt. So liegen bereits Impulse vor, gemeinwesendiakonische Aspekte in die unverzichtbaren Aufgaben des Pfarrdienstes einzubeziehen.

Das kirchenleitende Handeln des Kirchenkreises und der Landeskirche bedingt wesentlich, ob und inwieweit gemeinwesendiakonische Potenziale von Kirchengemeinden wahrgenommen und entfaltet werden können. Die kirchenleitenden Entscheidungen über die Aufgaben und Ziele von Kirchengemeinden und die Aufgaben des Pfarramtes werden darauf bestimmenden Einfluss nehmen. Das Konzept „Die Heiligen zum Dienst befähigen – to equip the Saints" setzt bereits deutliche Impulse, die noch vorhandenen Ressourcen für die Befähigung der Kirchengemeinden zur Entfaltung ihrer gemeinwesendiakonischen Potenziale zu nutzen.

[333] Coenen-Marx, Gemeinwesendiakonie als Teil der kirchlichen Reformprozesse, 52 f.

[334] Vgl. Thies, Augenhöhe, 89 f.

[335] Zwischenbericht, 121.

[336] Vgl. Aufgaben und Ziele, 358; Haushaltsrede 2011, 380.

[337] Vgl. Personalentwicklungskonzept, 6 ff; Einbringung Personalentwicklungskonzept, 86.

[338] Vgl. Statistik 2011, 15.

[339] Beschluss Nr. 82.

[340] Vgl. Aufgaben und Ziele, 357.

[341] Barmen IV.

[342] Vgl. Aufgaben und Ziele, 365.

[343] Vgl. Beese, Ende des Dornröschenschlafs, 117 ff.

[344] Vgl. König, Aussteigen oder Umsteigen, 38 ff.

[345] Vgl. Wegner, Enabling Churches, 220 f.

[346] Pfarrberuf mit Zukunft, 226.

[347] Vgl. a.a.O., 228.

[348] A.a.O., 213 f.

7 Eine gemeinwesendiakonische Vision

Wenn es Kirche und Diakonie gelingt, die gemeinwesendiakonischen Potenziale von Kirchengemeinden zu entfalten, wird die gesamtgesellschaftliche Haltung der Kirche gegenüber nicht mehr mit dem Stichwort Indifferenz bezeichnet werden. Das zutreffende Stichwort hieße dann hoffnungs- und erwartungsvolles Interesse. Schon jetzt, erinnert sei an die Statements politischer Mandatsträger, richten sich große Hoffnungen an Diakonie und Kirche. Im gemeinwesendiakonischen Traum von Kirche sehen Diakonie und Kirche sich nicht in erster Linie als Opfer gesellschaftlicher Rahmenbedingungen. Vielmehr haben sie ihre Bedeutung für die soziale und politische Entwicklung der Gesellschaft neu erkannt – und nehmen sie aktiv wahr. In einer gemeinwesendiakonischen Suchbewegung besinnen sie sich auf die immer schon gegebenen, der Diakonie und der Kirche geschenkten spirituellen Grundlagen zur Entfaltung gemeinwesendiakonischen Potenzials: Die Verheißung der Konvivenz und der Compassion Gottes, die sich in den konkreten Lebenswelten seiner Menschen realisieren will. Auf die Rahmenbedingungen, die Kirche, Diakonie und Kommune zu schaffen haben, wurde bereits eingegangen. In der gemeinwesendiakonischen Suchbewegung werden die Kirchengemeinden aus ihrem Dornröschenschlaf erwachen und gleichfalls ihre Bedeutung für die soziale und politische Entwicklung der Quartiere und Sozialräume in ihrer Parochie erkennen. Sie werden ihre Aufgaben und Ziele als Enabling Churches wahrnehmen.

Sie haben in ihrer Parochie die Bedeutung eines Stadtteilzentrums. Generations- und milieuübergreifend sind sie Orte, in denen Menschen Hilfe suchen und auch Unterstützung geben können. Hilfesuchende und Hilfegebende gestalten eine heilsame Gemeinschaft. Der Professionalität kommt die Rolle der Assistenz und der Befähigung zu. Im konvivialen Zusammenleben ist die Schwelle zur Teilnahme an spirituellen Angeboten niedrig beziehungsweise nicht mehr vorhanden. Zudem hat die Predigt des Evangeliums und die Verwaltung der Sakramente inzwischen Formen gefunden, in der die Botschaft von der freien Gnade Gottes von *allem Volk* gehört werden kann. Das konviviale Zusammenleben der Parochie kann sich gegebenenfalls weiten und der Bür-

gergesellschaft Raum geben. Es geht um ein starkes *Wir* im Gegenüber und im Dialog mit Politik und Wirtschaft. Dass die Christengemeinde ihr Gegenüber und zugleich ihre starke Partnerin ist, hat die Bürgergesellschaft der Parochie längst erkannt.

Schließlich wird der Pfarrdienst der gemeinwesendiakonischen Kirchengemeinde nicht pfarr*amtlich* organisiert sein. An die Stelle des Pfarramtes tritt das Gemeindebüro, das nicht mehr nur der Erledigung von Verwaltungsaufgaben dient. Es ist in einer Mischung zwischen Bistro, Laden und Hotel-Foyer eine Art *Gemeinde-Rezeption*.[349] Ehrenamtlich Mitarbeitende, Pfarrer und Mitarbeitende der Diakonie sind dort tätig. Der *Community Organizer* gehört ebenfalls zu den Mitarbeitenden, die über die Gemeinde-Rezeption zu erreichen oder dort anzutreffen sind. Vor allem trifft man hier die Menschen aus dem Stadtteil, die die Möglichkeiten der *Enabling Church* in einer Kirchengemeinde leben. Hier wird ein gemeinwesendiakonischer Traum gelebt.

---

[349] Vgl. Zellfelder-Held, Solidarische Gemeinde, 204 f.

Literatur

Anhelm, Fritz Erich (2002): Vorboten einer neuen Kirchengestalt. Wie die christlichen Konfessionen Europas an der Entwicklung der Zivilgesellschaft teilhaben können, Zeitzeichen 1/02, 48-50.

Anker, Andrea (2007): Am Leiden Gottes teilnehmen? In: Dalferth, Ingolf/Hunziker, Andreas u.a. (Hg.): Mitleid. Konkretionen eines strittigen Konzepts, Tübingen, 239-258.

Aufgaben und Ziele in der EKvW. Bericht über die Bearbeitung des Auftrags der Landessynode 2006, in: Evangelische Kirche von Westfalen (Hg.), Verhandlungen der 1. Tagung der 16. Westfälischen Landessynode, Nov. 2008, 355-376.

Barenhoff, Günther (2012): Kirche und Diakonie unter den Bedingungen des Marktes, http://www.diakonie-rwl.de/cms/media/pdf/aktuelles/2012-pdf/2012-06-04-barenhoff-kircheunddiakonieunterdenbedingungendesmarktes.pdf (Abruf: 8. 6. 2012).

Barmen IV (1996): Die Theologische Erklärung der Bekenntnissynode von Barmen vom 29. bis 31. Mai 1934, in: Evangelisches Gesangbuch. Ausgabe für die Evangelische Kirche im Rheinland, die Ev. Kirche von Westfalen, Lippische Landeskirche, Bielefeld, Gütersloh, 1377-1380.

Becker, Uwe (2011²): Perspektiven der Diakonie im gesellschaftlichen Wandel, Neukirchen-Vluyn.

Benad, Matthias (1997): Historische Theologie und interreligiöser Dialog, in: Hans-Peter Stähli (Hg.): Jahrbuch der Kirchlichen Hochschule Bethel Bd. 24, 81-94.

Benedict, Hans-Jürgen (2008): Gott als kooperative Macht der Barmherzigkeit und Gerechtigkeit. in: Ders., Barmherzigkeit und Diakonie, Stuttgart, 29 - 41.

Beese, Dieter (2011): Das Ende des Dornröschenschlafs? In: Höroldt, Hans/König, Volker (Hg.), Gemeinde & Diakonie. Erleben – Verstehen – Gestalten. Ein Handbuch, Düsseldorf, 117-128.

Biesecker, Adelheid (2010): Eine zukunftsfähige Ökonomie ist möglich – Vorsorgendes Wirtschaften, http://www.postwachstumsoekonomie.org/Biesecker-VorsorgendesWirtschaften.pdf , (Abruf: 2. 2. 2012).

Biesecker/Kesting (2003): Mikroökonomik. Eine Einführung aus sozial- ökologischer Perspektive, München-Wien.

Braun, Sebastian (2002): Soziales Kapital, sozialer Zusammenhalt und soziale Ungleichheit. Integrationsdiskurse, in: Bundeszentrale für politische Bildung (Hg.), Zustand der Gesellschaft – Armut und Reichtum, Aus Politik und Zeitgeschichte Bd. 29-30, 2002.

Beschluss Nr. 82, in: Evangelische Kirche von Westfalen (Hg.), Verhandlungen der 4. Tagung der 16. Westfälischen Landessynode, Nov. 2011, 127.

Bonhoeffer, Dietrich (1970): Widerstand und Ergebung. Briefe und Aufzeichnungen aus der Haft, Eberhard Bethge (Hg.), München.

Büscher, Martin (2008): Marktwirtschaft als politische Gestaltungsaufgabe. Marburg.

Coenen-Marx, Cornelia (2011): Gemeinwesendiakonie: Kirche in der Mitte der Gesellschaft, epd-Dokumentation 39 / 2011, 49-53.

Dalferth, Ingolf U./Hunziker, Andreas (2007): Aspekte des Problemkomplexes Mitleid, in: Dies. u.a. (Hg.), Mitleid. Konkretionen eines strittigen Konzepts, Tübingen, IX - XXV.

De Roest, Henk (2011): Ko-Initiieren, Ko-Wahrnehmen und strukturell „dazwischen" sein, in: Barth, Florian u. a. (Hg.): Kirchen aktiv gegen Armut und Ausgrenzung - Theologische Grundlagen und praktische Ansätze für Diakonie und Gemeinde, Stuttgart, 232-246.

Degen, Johannes (2004): Diakonie im Kontext von Exklusion - Bedeutung und Wandel des Anstaltsparadigmas, in: Schibilsky, Michael/Zitt, Renate (Hg.), Theologie und Diakonie, Veröffentlichungen der Wissenschaftlichen Gesellschaft für Theologie Bd. 25, Gütersloh, 199-207.

Degen, Johannes, „In der Bedeutungslosigkeit zu versinken?" Zum Arbeitsprinzip einer sogenannten Gemeinwesendiakonie, in: epd.-Doku 39 / 2011, 31-35.

Degen, Johannes (2010): Leben in Nachbarschaft, in: Herrmann, Volker/Horstmann, Martin (Hg.), Wichern drei - gemeinwesendiakonische Impulse, Neukirchen-Vluyn, 76-81.

Diakonie in der Gemeinde. Handreichung für Presbyterien und Kirchenvorstände, Diakonie Rheinland-Westfalen-Lippe e.V. (Hg), Düsseldorf 2012.

Diakonisches Werk Hamburg (Hg.), Stadtteildiakonie baut Mauern ab. Erfahrungen und Perspektiven stadtteildiakonischer Arbeit in Kirchengemeinden und Kirchenkreisen. Dokumentation einer Veranstaltung am 16. September 2005, Hamburg 2006.

108

DICO - Deutsches Institut für Community Organizing: http://www.dico-berlin.org (Abruf: 21. 5. 2012).

Diekmann, Andreas, Dimensionen des Sozialkapitals, in: Franzen, Axel/Freitag, Markus, Sozialkapital. Kölner Zeitschrift für Soziologie und Sozialpsychologie, 47 / 2007, 47-65.

DW RWL, http://www.diakonie-rwl.de (Abruf: 26. 5. 2012).

Einbringung: Personalentwicklungskonzept für den Pfarrdienst in der EKvW bis 2030, in: Evangelische Kirche von Westfalen (Hg.), Verhandlungen der 4. Tagung der 16. Westfälischen Landessynode vom 14. bis 18. November 2011, 84 - 90.

Erwachsen Glauben, http://www.evangelisch-in-westfalen.de (Abruf: 26. 5. 2012).

ESF, http://www.esf.de/portal/generator/8/startseite.html (Abruf: 21. 5. 2012).

Gern, Wolfgang, Kirche mittendrin – weil wir nur gemeinsam leben können, in: epd Dokumentation 39 / 2011, 40-42.

Glitzenhirn, Dierk (2011): Gemeinwesendiakonie als Verwirklichung von Konvivenz, in: epd Dokumentation 39 / 2011, 43-45.

Glitzenhirn, Dierk, Gemeinwesendiakonie als Verwirklichung von Konvivenz, in: Pastoraltheologie 100. Jg., Göttingen, 227-242.

Götzelmann, Arnd (2010): Kirchliche Gemeinwesenarbeit, in: Herrmann, Volker/Horstmann, Martin (Hg.), Wichern drei – gemeinwesendiakonische Impulse, Neukirchen-Vluyn, 31-45.

Haas, Hanns-Stephan (2004): Diakonische Konvivenz – eine „nota ecclesiae"? Ein Gesprächsanstoß zur Diakonievergessenheit als Problem der Kirche, in: Ders., Diakonie Profil, Gütersloh, 13-36.

Haas, Hanns-Stephan (2010): Theologie und Ökonomie. Management-Modelle – theologisch-ökonomische Grundlegung – Diskurspartnerschaft, Stuttgart.

Haas, Hanns-Stephan/Treber, Monika (Hg.) (2009): Enabling Community – Gemeinwesen zur Inklusion befähigen!, Berlin-Hamburg.

Haas, Hanns-Stephan (2012): Unternehmen für Menschen. Diakonische Grundlegung und Praxisherausforderungen, Stuttgart.

Habermas, Jürgen (1985): Die neue Unübersichtlichkeit. Kleine Politische Schriften V, Frankfurt am Main.

Handlungsoption Gemeinwesendiakonie. Die Gemeinschaftsinitiative Soziale Stadt als Herausforderung und Chance für Kirche und Diakonie, Diakonisches Werk der Evangelischen Kirche in Deutschland e.V. (Hg.), Diakonie Texte Positionspapier 12. 2007, Stuttgart 2007.

Haslinger, Herbert, Diakonie (2009): Grundlagen für die soziale Arbeit der Kirche, Paderborn.

Haushalts- und Finanzplanung der Evangelischen Kirche von Westfalen für das Jahr 2012, in: Evangelische Kirche von Westfalen (Hg.), Verhandlungen der 4. Tagung der 16. Westfälischen Landessynode vom 14. bis 18. November 2011, 379 - 385.

Herz und Mund und Tat und Leben. Grundlagen, Aufgaben und Zukunftsperspektiven der Diakonie, Kirchenamt der Evangelischen Kirche in Deutschland (Hg.), Gütersloh 1998.

Hinte, Wolfgang (2010): Von der Gemeinwesenarbeit zur Sozialraumorientierung, in: Herrmann, Volker/Horstmann, Martin (Hgg.), Wichern drei - gemeinwesendiakonische Impulse, Neukirchen-Vluyn, 25-30.

Horstmann, Martin (2011): Auf dem Weg zu „Caring Communities"? Kirchengemeinden als sozialkapitalbildende Orte, in: Gemeinwesendiakonie, epd-Dokumentation 39 / 2011, 53-60.

Horstmann, Martin/Neuhausen, Elke (2009): Suchet der Stadt Bestes! Studie zu Erfolgsfaktoren in der Gemeinwesendiakonie. Texte aus dem SI, Hannover.

Horstmann, Martin/Neuhausen, Elke (2010[2]): Mutig mittendrin. Gemeinwesendiakonie in Deutschland. SI Konkret 2, Münster.

Huber, Wolfgang (2007): Das Profil der Diakonie im gesellschaftlichen Umbruch. Zehn Thesen, in: Diakonisches Werk Berlin-Brandenburg, (Hg.): Das Profil der Diakonie im gesellschaftlichen Umbruch, Jahresbericht 2000, Berlin, 7-8.

Huber, Wolfgang: Diakonische Kirche mit Zukunft, http://www.ekd.de/vortraege/huber/5820.html (Abruf 29. 12. 2011).

Kein Kind zurücklassen, http://www.hamm.de (Abruf: 2. 11. 2013).

Khorchide, Mouhanad (2012): Islam ist Barmherzigkeit. Freiburg im Breisgau.

Kirche der Freiheit, Kirchenamt der EKD (Hg.) (2006): Impulspapier des Rates der EKD, Hannover.

Kirche findet Stadt, http://www.kirche-findet-stadt.de/pdf/downloads/kfs-dokumentation-2013_web.pdf (Abruf: 2. 11. 2013).

Kirche findet Stadt, http://fachinformationen.diakonie-wissen.de/system/files/fid/110412_KfS_Kurzfassung.pdf (Abruf: 5. 5. 2012).

Kirche im Aufbruch. Zukunftswerkstatt Kassel 2009, Kirchenamt der EKD (Hg.), http://www.kirche-im-aufbruch.ekd.de (Abruf: 7. 3. 2012).

Kirche mit Zukunft. Zielorientierungen für die Evangelische Kirche von Westfalen, Evangelische Kirche von Westfalen. Die Kirchenleitung (Hg.): Bielefeld o.J.

Kirche Mittendrin – Kriterien zum Aufbau von Gemeinwesendiakonie-Projekten, in: Kirche findet Stadt, epd-dokumentation 29 / 2010, 55-56.

Kirchenamt der EKD (Hg.) (2006): Gerechte Teilhabe. Eine Denkschrift des Rates der Evangelischen Kirche in Deutschland zur Armut in Deutschland, Gütersloh.

Kirchengesetz über die Ordnung der diakonischen Arbeit in der Evangelischen Kirche von Westfalen, http://www.kirchenrecht-westfalen.de (Abruf: 17.1.2012).

Kirchenordnung der Evangelischen Kirche von Westfalen, http://www.kirchenrecht-westfalen.de (Abruf: 17.1.2012).

König, Volker (2012): Aussteigen oder Umsteigen, in: Diakonie in der Gemeinde. Handreichung für Presbyterien und Kirchenvorstände, Diakonie Rheinland-Westfalen-Lippe e.V. (Hg), Düsseldorf, 38-45.

Kommunale Präventionsketten, http://www.hamm.de/de (Abruf: 27. 5. 2012).

Konsultation Gemeinwesendiakonie, http://diakonisch.files.wordpress.com (Abruf: 2. 2. 2012).

Kriesi, Hanspeter (2007): Sozialkapital. Eine Einführung, in: Franzen, Axel/Freitag, Markus: Sozialkapital. Kölner Zeitschrift für Soziologie und Sozialpsychologie, 47 / 07, 23-46.

Landeskirchenamt der Evangelischen Kirche von Westfalen (Hg.), Die Soziale Marktwirtschaft ethisch weiterdenken, Materialien für den Dienst in der EKvW 1.2009, Bielefeld.

Lasst uns nicht hängen, Evangelische Kirche von Westfalen (Hg.): Gegen Kinderarmut. Eine Kampagne der EKvW, Villigst 2008.

Leben in Hassel, http://kirche-findet-stadt.de/index.php/referenzplattform/regionalknoten (Abruf: 21. 5. 2012).

Lob-Hüdepohl, Andreas (2011); Kirche werden im Sozialraum, in: epd-Dokumentation 39 / 2011, 20-26.

Lob-Hüdepohl, Andreas (2009): Starkes Wir. Der kirchliche Beitrag zu solidarischen Nachbarschaftsnetzwerken, in: Herder Korrespondenz 63, 5 /09, Freiburg, 259-264.

Mayer, Margit (2005): Das Konzept des Sozialkapitals in der stadtpolitischen Diskussion, in: Informationen zur Raumentwicklung Heft 9/10, 589-597.

Metz, Johann Baptist (2000): Compassion. Zu einem Weltprogramm des Christentums im Zeitalter des Pluralismus der Religionen und Kulturen, in: Metz u.a. (Hg.): Compassion, Freiburg, 9-18.

Metz, Johann Baptist (1994): Gotteskrise, in: Metz/Glotz/Ginzel: Diagnosen zur Zeit, Düsseldorf, 76-92.

Obiezu, Emeka Christian, OSA (2008): Towards a Politics of Compassion. Socio-political Dimensions of Christian Responses to Suffering, Bloomington, Indiana (USA).

Offe, Claus/Fuchs, Susanne (2001): Schwund des Sozialkapitals? Fall Deutschland, in: Robert D. Putnam (Hg.), Gesellschaft und Gemeinsinn. Sozialkapital im internationalen Vergleich, Gütersloh, 417-511.

Penta, Leo J., Community Organizing für eine politische Bürgerschaft, in: Neue Caritas Jg. 2009, Heft 6.

Personalentwicklungskonzept für den Pfarrdienst in der EKvW bis 2030, in: Evangelische Kirche von Westfalen (Hg.), Verhandlungen der 4. Tagung der 16. Westfälischen Landessynode vom 14. bis 18. November 2011, 324-368.

Pfarrberuf mit Zukunft. Zur Weiterentwicklung des Pfarrdienstes in Westfalen, in: Evangelische Kirche von Westfalen (Hg.), Verhandlungen der 4. Tagung der 15. Westfälischen Landessynode vom 13. bis 16. November 2007, 207 - 236.

Plan Bildung, http://www.hamm.de (Abruf: 20. 6. 2012).

Putnam, Robert D. (2000): Bowling alone. The collapse and revival of American community, New York.

Q8 Quartiere bewegen, http://www.q-acht.net/quartiere-bewegen.html (Abruf: 17.3. 2012).

Rüegg-Stürm, Johannes ([2]2003): Das neue St. Galler Management-Modell. Grundkategorien einer integrierten Managementlehre. Der HSG-Ansatz, Bern - Stuttgart - Wien.

Rüegger, Heinz/Sigrist, Christoph (2011): Diakonie – eine Einführung. Zur theologischen Begründung helfenden Handelns, Zürich.

Satzung des Diakonie Rheinland-Westfalen-Lippe e.V., http://www.diakonie/rwl.de (Abruf: 9. 6. 2012).

Satzung des Diakonie Rheinland-Westfalen e.V., http://www.diakonie-westfalen.de/pdf/satzung _westfalen.pdf (Abruf: 9. 6. 2012).

Schieder, Rolf (1990): Theologie und aktivierender Gemeindeaufbau, in: Rainer Lingscheid, Gerhard Wegner (Hg.), Aktivierende Gemeindearbeit, Stuttgart, Berlin, Köln, 19-28.

Schreiber, Karin (2007): Vergebung und Erbarmen, in: Dalferth, Ingolf U./Hunziker, Andreas u.a. (Hg.), Mitleid. Konkretionen eines strittigen Konzepts, Tübingen, 219-238.

Stadtentwicklungsbericht, http://www.mbv.nrw.de/ staedtebau/container/stadtentwicklungsbericht_2011. pdf (Abruf: 21. 5. 2012).

Stärken vor Ort, http://www.staerken-vor-ort.de (Abruf: 21. 5. 2012).

Steinkamp, Hermann, Compassion als Basiskompetenz, in: V. Herrmann (Hg.), Diakonische Existenz im Wandel. „Hephata-öffentlich", DWI-Info Nr. 39, Heidelberg 99-110.

Steinmeier, Frank-Walter, Moderne Subsidiarität im Blick auf Stadt und Gemeinde: Der Beitrag der Kirchen zum Gemeinwesen, http://kirche-findet-stadt.de (Abruf: 21. 5. 2012).

Strohm, Theodor (2010): ‚Wichern drei' – auf dem Weg zu einer neuen Kultur des Sozialen, in: Herrmann, Volker/Horstmann, Martin (Hg.), Wichern drei – gemeinwesendiakonische Impulse, Neukirchen-Vluyn[2], 17-22.

Sundermeier, Theo (1995): Konvivenz als Grundstruktur ökumenischer Existenz heute, in: Volker Küster (Hg.), Konvivenz und Differenz, Erlangen, 43-75.

Tagesgruppe, http://www.diakonie-ruhr-hellweg.de (Abruf: 18. 6. 2012).

Thies, Reinhard (2010): Sozialarbeit und Stadtplanung auf Augenhöhe, in: Herrmann, Volker/ Horstmann, Martin (Hg.), Wichern drei – gemeinwesendiakonische Impulse, Neukirchen-Vluyn, 82-90.

Thies, Reinhard (2007): Integrierte Angebote brauchen einen Ort – die Idee lokaler Zentren, in: Gillich, Stefan (Hg.), Nachbarschaften und Stadtteile im Umbruch, Gelnhausen, 96-11.

Unterrichtung durch die Bundesregierung, http://www.nationale-stadtentwicklungspolitik. de/cln_032/nn_251602/content/publikationen/ nsp/bundestagsdrucksache__unterrichtung__ bundesregierung.html (Abruf: 5. 5. 2012).

Wegner, Gerhard (2011): „Enabling Churches" – Kirchen als Inklusionsagenten, in: Barth, Florian u.a. (Hg.), Kirchen aktiv gegen Armut und Ausgrenzung, Stuttgart, 211-231.

Wegner, Gerhard, Erneuerte Sozialität. Die Rolle von Kirchengemeinden im Gemeinwesen. Eine Ermutigung, http://kirche-findet-stadt.de (Abruf: 4.7. 2012).

Wegner, Gerhard, Nächstenliebe im Gemeinwesen – Theologische Perspektiven, in: epd Dokumentation 39 / 2011, 6-19.

Westfälischer Anzeiger, 12. 7. 2011, http: //www.wa.de/lokales/hamm/stadt-hamm/ mehr-buerger-versammlung-moschee-1318687.html (Abruf: 2. 11. 2013).

Wie viel Kirche braucht die Stadt?, http: //kirche-findet-stadt.de (Abruf: 21. 5. 2012).

Winterberg, Sonya, Community Organizing macht selbstbewusst, in: Neue Caritas Jg. 2009, Heft 6, http://www.caritas.de/neue-caritas/heftarchiv (Abruf: 21. 5. 2012).

WohnQuartier[4], http://www.wohnquartier-4.de/index. php?article_id=7 (Abruf: 21. 5. 2012)

Zellfelder, Paul-Hermann (2010): Gesellschaftsdiakonische Bedeutung von Kirchengemeinden, in: Herrmann, Volker / Horstmann, Martin (Hg.), Wichern drei – gemeinwesendiakonische Impulse, Neukirchen-Vluyn, 66-75.

Zellfelder-Held, Paul-Hermann (2002): Solidarische Gemeinde. Ein Praxisbuch für diakonische Gemeindeentwicklung, Neuendettelsau.

Zitt, Renate (2008[2]): Auf der Suche nach der diakonischen Gemeinde, in: Herrmann, Volker/ Horstmann, Martin (Hg.), Studienbuch Diakonik Bd. 2, Neukirchen-Vluyn, 207 - 226.

Zwischenbericht: Personalentwicklungskonzept für den Pfarrdienst in der Evangelischen Kirche von Westfalen bis 2030, in: Evangelische Kirche von Westfalen (Hg.), Verhandlungen der 3. (ordentlichen) Tagung der 16. Westfälischen Landessynode vom 15. bis 19. November 2010, 500-521.